KB099778

"문제는 인간이
정말로 존재하는지
자문하는 데 있을 것이다.
인간이 존재하지 않는다면
세계와 사유 그리고
진실은 무엇일 수 있을까?"

미셸 푸코,
『말과 사물』

인문잡지 한편
2023년 5월
11호

플랫폼

플랫폼에서
현실감 되찾기

나는 대체로 관찰자다. 말하기보다는 듣기가, 쓰기보다는 읽기가 좋다. 편집자의 주 업무는 잘 읽고 엮는 것이고 소통의 핵심은 경청이니 문제는 없을 것 같다. 그런데 한 호의 키워드를 편집자들이 함께 만들어 가는《한편》일을 3년째 하면서, 나는 소통에는 잘 듣는 것뿐 아니라 잘 말하는 것도 포함된다는 사실을 깨달았다. 상대방의 이야기를 듣기 위해서는 내 이야기를 꺼내 놓을 줄도 알아야 한다는 당연한 사실이다. '네가 원하는 건 뭐냐'는 질문 앞에서 나는 여전히 당황스럽다. 하지만 얼버무리기를 반복하다가 깨달은 것은 나의 관심을 꺼내 놓는 일은 괴롭지만 즐겁기도 하다는 점이다. 그건 나의 욕망을 찾아 가는 일이기도 하다.

각자 자기 이야기만 하기보다는 나의 이야기에 이어지는 상대의 이야기를 듣는 편이 훨씬 재미있다.《한편》은 편집자들과의 대화에서 시작된 주제를 저자들과의 대화를 통해 튼튼하게 채워 넣고, 독자들과의 대화로 이어 간다. 하지만 대화는 자주 갈등을 빚고, 기획의 시작이자 끝인 독자는 잘 보이지 않는다. 이번 호를 만들며 나는 경제경영서에서 이야기하는 플랫폼의 성공 조건들을 《한편》에 적용해 보았다. 수많은 콘텐츠들이 주목을 끌기 위해 경쟁하는 지금, 이용자들이 자발적으로 모여 소통하는 플랫폼은 콘텐츠 생산자가 선택할 수 있는 유일한 생존 양식이 된 것도 같다. 그럼 《한편》 역시 플랫폼이 되어야 할까? 아니면 성공한 다른 플랫폼에 올라타야 할까?

플랫폼에서 만나요

플랫폼은 승강장이다. 열차로 이동하기 위해 반드시 거쳐야 하는 장소. 승강장에서는 다양한 사람들이 마주친다. 열차가 도착했다는 신호음과 안내문부터 길찾기 문답, 나와는 상관없는 통화 소리까지 여러 정보들이 오간다.

그런데 7년 새 사용 빈도가 열 배나 늘어난 단어 '플랫폼'이 지칭하는 것은 실제 승강장보다는 디지털 플랫폼이다. 미국의 조사기관 퓨리서치에 따르면 2018년 기준 한국의 스마트폰 보유율은 95퍼센트로 세계 1위다. 우리는 집에서든 사무실에서든 지하철에서든 스마트폰만 있으면 승강장에 접근할 수 있다. 침대에 누워 있는 지금 이 순간에도 온라인상의 '나'는 누군가와 만나고 있다. 연결망 속에서 기대했던 것을 얻기도 하고, 생각지도 못했던 것을 잃어버리기도 한다. 나는 습관처럼 SNS에 들어가서 종종 기쁨을 느낀다. 열심히 만든 책을 낸 후 어김없이 찾아온 고독을 깨뜨리는 인스타그램의 책 후기를 발견할 때 그렇다. 동시에 시시각각 바뀌는 타임라인을 볼 때면 이상한 소외감과 불안감을 느낀다. 빠르게 흘러가는 이슈들의 한복판에서 나는 어디에 귀 기울이고 무엇은 무시할지 판단하지 못한 채로 엄지손가락을 움직일 뿐이다. 나를 둘러싼 이야기들의 기승전결은 이미 지나가고 흘러간 시간과 사건의 기록만이 남아 있다. 나는 정말 내가 원하는 장소에 있나?

《한편》 8호 '콘텐츠'에서 "문득 산만하게 뛰어들자"라고 콘텐츠 생산의 법칙을 제안했다면, 이번 호에서는 뛰어들 자리를 탐사한다. 지하철 승강장, 새 소식을 주고받는 SNS, 일과 생활에 관련된 수많은 애플리케이션에서 실제로 무엇이 교환될까? 《한편》을 비롯한 잡지와 뉴스레터, 시민단체를 플랫폼이라 할 수 있을까? 연결은 종종 피곤하고, 소통은 쉽지 않다. 하지만 그럼에도 플랫폼에서의 상호작용이 지금의 존재 양식이라면, 《한편》은 무언가 주고받은 기분을 찾아보자고 제안한다. 이는 각자 자기 이야기를 하는 산만한 연결망 위에 나와 우리의 이야기를 기입할 방법을 탐색하는 일이다.

매끄러운 화면, 울퉁불퉁한 이동

디지털 플랫폼은 정보, 물건, 서비스가 빠르게 이동하는 공간이다. 옷, 음식, 호텔 등을 찾기 위해 이제는 전단지를 뒤적이거나 여러 쇼핑몰을 전전하거나 홈페이지 여러 개를 모니터에 띄워 놓을 필요가 없다. 500만 개의 호텔을 모아 놓았다는 어느 호텔 예약 플랫폼의 카피대로, '모아 보면 보인다.' 수백 개의 온라인 쇼핑몰이 모인 플랫폼에서 나는 길이, 색깔, 커팅 모양까지 지정해서 내가 원하는 셔츠를 찾을 수 있다. 100여 개의 상품 중 하나를 골라 구입하면 하루 만에 서울의 집 앞에 택배가 도착해 있다. 그 기반은 바로 코로나19와 함께 급속히 늘어난 물류 인프라와 배달 노동자들이다. 여기에서 플랫폼 호는 시작한다.

도시계획학 연구자 김리원의 「택배도시에서의 일주일」은 지하철이 쇼핑 공간이 되고 아파트 현관에서 주민과 배달 노동자가 부딪치는 도시민의 삶을 스케치한다. 늘어난 오토바이는 도로 질서를 어지럽히고, 배달 노동자의 노동 환경은 쉽사리 나아지지 않는다. 빠른 배송으로 일상의 편의가 커지는 동안 비물리적, 문화적 인프라는 얼마나 발전했을까? 퇴근길 익숙하게 배달 앱을 켜는 이들과 함께 물어야 할 질문이다.

클릭 한 번이면 물건이 집 앞에 도착하는 일상은 울퉁불퉁한 이동의 경험을 가린다. 이동 경험은 내가 어떤 몸을 갖고 있는지, 어떤 자원을 활용할 수 있는지에 따라 달라진다. 휠체어 이용자에게 지하철 플랫폼의 단차와 계단은 매끄러운 이동을 방해하는 장애물이다. 과학기술학 연구자 강미량의 「걷는 로봇과 타는 사람」은 장애학과 기계공학 사이에서 걸음 보조 로봇을 이용하는 장애인들의 현장을 관찰한다. 걷기 로봇과 휠체어 사이를 저마다의 몸짓으로 오가는 사람들을 보며, 연구자의 문제의식은 "함께 움직이기"로 확장된다.

플랫폼 제대로 비판하기

플랫폼의 핵심은 네트워크다. 연결은 쾌락과 주의 산만의 근본 원인이다. 끝없이 확장하며 증식하는 플랫폼을 어떻게 평가해야 할까? "건강하고 선량한 독점을 유지하는 것"(『플랫폼의 생각법』)

이 플랫폼의 지속 조건일까? 아니면 플랫폼 기업은 사람들의 지성과 참여를 포획하는 "신생 자본주의 질서"(『디지털 커먼즈』)일 뿐일까?

교통·철학 연구자 전현우는 「독점으로 향하는 급행열차」에서 IT 플랫폼 기업들의 독점을 평가할 균형 있는 관점을 제시한다. 전국을 촘촘하게 연결하는 철도는 19세기인에게 땅과 삶을 앗아 가는 수탈의 도구였지만 기후위기 시대 이동의 새로운 가능성이 되었다. 네트워크 확장의 순기능이다. 그렇다면 지금 카카오, 쿠팡, 배달의 민족 같은 플랫폼 사업자들은 과연 우리와 미래 세대의 생활을 풍요롭게 하고 있을까?

플랫폼이 향해 가는 독점의 문제 앞에서 프랑스철학 연구자 김민호의 「플랫폼들의 갈라지는 시공간」은 플랫폼이 아니라 플랫폼'들'에 주목하라고 말한다. 구글, 페이스북, 아마존을 모두 합쳐도 하나의 '인터넷', 하나의 세계가 될 수는 없다는 존재론을 수용하자는 제안이다. 플랫폼이 그 안에 모든 것을 품으려 할 때 그 세계는 더 이상 자유롭게 소통할 수 있는 장소가 아니기 때문이다.

인공지능 똑똑하게 쓰기

한국인이 가장 많이 사용하는 앱인 카카오톡은 메신저를 넘어 운송, 유통, 금융 산업에도 이용자들을 묶어 두고 있다. 수많은 이용자들의 데이터를 확보한 플랫폼 기업들은 온라인상의 개인들을 해석하고 범주화한다. "우리가 누구인가 하는 문제는 어떤 데이터가 우리에 대해 말하게 하느냐의 문제"(『우리는 데이터다』)가 된다. 스마트폰, 스마트워치, 스마트스피커 같은 기기들이 포착하는 '나'는 실시간으로 변형된다. 기술 없이는 기억할 수도 판단할 수도 없는 나는 이대로 괜찮은 걸까?

인간과 세계를 정보의 관점에서 재해석하는 철학자 루치아노 플로리디는 인간도, 식물도, 인스타그램의 게시물도 모두 '정보 존재자'로 파악한다. 정보 존재자는 그 자체로 정보 세계의 번영을 가져오므로 윤리적으로 좋다는 주장이다. 정보철학 연구자 김유민은 「알고리즘을 대하는 자세」에서 이러한 플로리디의 윤리학을 비판적으로 검토한다. 추천 시스템의 알고리즘을 타고 다닐 때 기술은 가치 판단에 간섭하며, 연결을 증진시키는 만큼 중독도 심화된다. 이 글은 스마트폰의 '추적 금지 요청'을 꼬박꼬박 누르는 일이 현명한 사용법이라는 철학적 논증이다.

과학사학자 이두갑은 「창작자의 정당한 몫 찾기」에서 최근 가장 뜨거운 이슈인 인공지능 챗봇 챗지피티를 비롯해 생성형 인공지능 기업들이 걸린 지식 재산 소송을 들여다본다. '달리'와 같은 인공지능은 수십억 장의 이미지를 학습해 이용자가 원하는 이미지를 즉시 만들어 낸다. 하지만 학습 대상인 글과 그림을 생산한 창작자에게, 또 여러 플랫폼들을 오가며 데이터를 제공하는 이용자에게는 어떤 보상도 없다. 이처럼 인간을 '디지털 소작농' 삼는 기업들을 비판적으로 보아야 할 때다.

진짜로 원하는 게 뭐야?

지식, 편의, 쾌락, 친구, 영향력, 자본……. 원하는 게 무엇이든, 플랫폼은 욕망을 끌어들이고 그 관계들을 재배치한다. 오늘날 글을 쓰고 읽는 사람들의 웹진, 커뮤니티, 프로젝트들이 플랫폼을 지향하는 배경에는 이미 주어진 세계가 나를 말하게 두지 않고 나의 이야기에서 시작하겠다는 욕망이 있다. 이어지는 두 글은 각각 비평과 번역의 영역에서 온 우리 세대의 경험담이다.

편집자이자 비평가인 김혜림의 「K 카사디안의 꿈」은 픽션으로 쓴 웃기고도 슬픈 실패담이다. 비평 플랫폼 '노마드'의 출발점은 좁고 폐쇄적인 비평장을 벗어나 누구든 자유롭게 원하는 이야기를 해 보자는 마음이다. 문제는 말할 수 없는 여러 욕망들이 공존한다는 사실이다. 킴 카사디안 같은 유명인이 되고 싶다는 욕망, 돈을 벌고 싶다는 욕망, 비평계에 자리 잡고 싶다는 욕망…… 욕망들은 공유되지 못했고 플랫폼은 터졌다. 하지만 현실을 향한 질문은 더 날카로워졌다. K는 새로운 장소를 찾아 떠나기로 결심한다.

번역가 문호영의 「번역을 공유하는 놀이터」는 작고 다정한 공동체에서 이루어지고 있는 교환의 경험을 나눈다. 한 편의 시에 대한 여러 번역을 싣는 웹진 《초과》의 번역가들은 성실한 독자가 되어 다른 번역들을 함께 읽는다. 이때 내려놓는 것은 하나의 번역만이 있을 때의 부담감, 새로 얻는 것은 더 자유로운 해석이다. "여러 번역이 존재할 수 있다고 가정하는 것과 실제로 여러 사람이 번역을 한자리에 모아 나눠본 것은 전혀 다르다."

챗지피티나 딥엘이 작가와 번역가, 비평가, 편집자 등을 대체할까라는 물음이 제기되는 지금, 두 편의 체험에서 하나의 답을 발견할 수 있지 않을까? 막대한 양의 데이터에 기반한 알고리즘 기술이 내놓는 단어와 개념들의 배열은 생각을 담은 글이나 말과 같지 않다. 철학자 마르쿠스 가브리엘에 따르면 생각은 감각이며, "미심쩍인 것이 우리에게 먼저 주어지지 않으면, 우리는 도무지 아무것도 생각할 수 없다."(『생각이란 무엇인가』) 우리는 손쉽게 얻어지는 특정한 질문에 대한 답이 아니라, 나도 몰랐던 욕망을 발견하고 흥미로운 생각을 촉발하는 만남을 원한다. 그렇다면 필요한 것은 잘 질문하는 능력이라기보다는 알고 싶다는 감각을 일깨우는 '놀이터'다.

울퉁불퉁한 연결점에서

"우리는 영향력을 원한다."(《한편》 2호 '인플루언서') 마지막으로 살펴볼 두 편의 글은 사회를 변화시키는 사람들의 이야기다.

정보공개센터 활동가 김예찬의 「잃어버린 시민을 찾아서」는 일상에서 정치 이야기가 사라진 지금 시민단체의 현재와 미래를 탐색한다. 정치에 대한 진지한 이야기는 인터넷 커뮤니티와 SNS의 사이다 발언과 자극적인 영상들로 대체되었다. 관심 자원을 잃어버린 시민단체의 해법은 무엇일까? 변화의 시작점은 내부다. 임원급 활동가와 신입 활동가만 남은 조직에서 어쩌면 가장 어려운 일은 옆 사람과 대화하기다. "솔직하게 토론에 나설 용기"를 되찾겠다는 다짐이 담긴 글이다.

한편 인류학자 구기연의 「인스타스토리로 연대하기」는 온라인 해시태그 운동이라는 정치적 연대를 기록한다. 히잡 단속에 끌려간 마흐사 아미니의 죽음 이후 세계 각지의 이란인들은 24시간이 지나면 사라지는 인스타그램의 스토리를 통해 죽음을 애도하고 정부에 저항했다. 기성 언론이 정부를 감시하는 역할을 할 수 없는 이란의 삼엄한 현실에서 개인들이 용기로 이어진 인스타스토리 게시물은 현실을 알리는 미디어가 되었다. 게시물은 사라지지만, 지지하는 서로가 있다는 흔적이 남는다. 점선으로 연결된 목소리는 "느슨해 보이지만 강력하다."

언제나 연결되어 있다는 사실, 나아가 연결되지 않고서는 살 수 없다는 사실에 가끔 기진맥진한 기분이 들 때가 있다. 이때 산만한 연결망에서 너와 내가 만나 실제로 주고받는 것은 무엇인지 그 울퉁불퉁한 면면을 들여다보는 일은 현실감을 되찾게 한다. 이렇게 새로 발견한 욕망을 좇아 여러 플랫폼들을 오가고 저마다 이야기를 기입할 새로운 플랫폼을 만들기도 한다. 우리가 만나는 자리는 매순간 변화하고 우리가 바꿀 수도 있는 열린 공간이다.

《한편》역시 이 울퉁불퉁한 장소의 하나다. 여기에 실린 글들은 저자와 저자, 저자와 편집자, 편집자와 편집자 사이에 선의의 독해와 코멘트와 경청을 나눈 결과로 탄생한다. 교환은 매끄럽지 않고, 갈등과 번복과 조율과 타협이 반복된다. 소통이 원활했다는 자평은 오만이었음을 뒤늦게 깨닫기도 한다. 그럼에도 직접 이야기를 들어 보았다는 사실은 이 글이《한편》밖에서도 교환될 수 있다는 믿음의 근거가 된다. 교환 행위 속에서 발생한 무언가를 믿고 한번 내놓아 보는 거다. 말하자면《한편》은 인문학을 읽고 쓰는 사람들이 연결되는 플랫폼이다. 이렇게 생각하면 글을 쓰는 지금 나는 약간 높은 단 위에 서 있는 부담을 조금은 덜어 낼 수 있다.

내가 주고받은 것은 무엇일까? 아직 여물지 않은 관심을 꺼내 놓은 끝에 얻은 재미있는 원고들을 읽는 기쁨이 있었다. 그리고 아주 느린 답장을 결국 보냈다는 성취가 있다. 이번 호의 주제는 지난해 5월 출간된 '콘텐츠' 호 세미나 '탐구 주제 정하기'에서 독자들이 제안한 키워드인 '이동'에서 출발했다. 1년이 걸린 답장이다. 다음 호에도 이렇게 우연하고 에두른 연결이 이어진다면 기쁘겠다.

김세영(편집자)

일러두기

[1] 저자의 주는 각주로 표시했고 참고 문헌은 권말에 모았다. 외래어 표기는
국립국어원의 외래어 표기법을 따랐으며 일부 관례로 굳어진 것은 예외로 두었다.

[2] 단행본은 『 』로, 논문, 기사, 영화 등 개별 작품은 「 」로, 잡지 등 연속간행물
은 〈 〉로 표시했다.

특별도시에서의 일주일

김리원

김리원　　　도시설계와 도시계획을 전공했다. 에이앤에프 도시설계사무소의 소장으로 재직하면서 서울시립대에서 도시분석론을 가르치고 있다. 또 지역 도시 문화 활성화를 목적으로 하는 협동조합 문화비상구의 대표로, 문화 공간을 3년째 운영 중이다. 현대 도시를 관찰·분석하는 작업을 하며 도시경관, 도시 물류, 모빌리티, 정책 수립에 관한 연구를 하고 있다.

[주요어] #택배도시, #도시인프라, #전자상거래플랫폼
[분류] 도시계획학 > 도시경관 연구

"이동의 핵심 인프라로
작용하는 인간의 발명품이자
택배도시의 기반 시설인
플랫폼이 만들어지면서
이동의 양식 또한 전면적으로
변화하기 시작했다."

인간은 이동하는 존재다. 도시 연구자인 나는 월·수·목요일에 인천에 있는 사무실로 출근하고, 화요일에는 서울 동대문구에 위치한 학교에서 강의를 하며, 금요일에는 운영 중인 문화 공간을 관리하러 인천 서구로 이동한다. 인간의 이동에 필수적인 도시 인프라는 교통과 길이다. 도시계획에 의해 형성된 길은 공간과 공간을 잇는 인간의 중요한 발명품이자 인간 생활의 기초가 된다. 시오노 나나미는 로마인에게 길을 만드는 것은 "사람이 사람다운 생활을 하는 데 필요한 대사업"[1]이었다고 표현한다. "모든 길은 로마로 통한다."라는 말이

[1] 시오노 나나미, 김석희 옮김, 『로마인 이야기 10』(한길사, 2002), 9쪽.

생겨날 만큼 로마인이 길에 목숨을 걸었던 것은 아마 그 모든 길이 거대한 국가를 유지하기 위한 핵심 기반 으로 역할을 했기 때문이리라.

플랫폼, 이동의 새로운 핵심 인프라

현시대에 길과 함께 이동의 핵심 인프라로 작용하는 또 다른 인간의 발명품이 등장했다. 가상 공간에서 사람 과 서비스, 사람과 사람을 이어 주는 플랫폼이 그것이 다. 플랫폼이라는 가상의 대광장이 만들어지면서 이동 의 양식 또한 전면적으로 변화하기 시작했다. 팬데믹 을 겪은 2023년의 한국인이라면 '택배'가 도시 기능이 멈추지 않도록 혈류처럼 움직이는 것을 본 경험이 있을 것이다. 팬데믹 이전, 동서남북을 가로지르던 나의 이 동도 확진자 수가 증가할수록 제한되었다. 사회 기능과 개인의 편의성이 사람의 이동이 아닌 물건의 이동으로 유지되면서 개인은 이동의 주체가 아니라 관찰자가 될 수 있었다. 내가 택배도시를 목격하게 된 것도 바로 이 러한 이유에서다.[2]

인간의 이동성이 전염병으로 제한당하는 낯선 경험 속에서 물건의 이동이 전폭적으로 늘어났다. "사람은 못 가도 택배는 간다".[3] 사람들은 마트, 백화점, 음식점 같은 공간에 직접 가는 대신 안전한 집 안에서 스마트폰의 플랫폼 애플리케이션을 이용해 가상공간에서 물건을 주문한다. 스마트폰 화면에 출력되는 물건들은 이미 갖춰져 있는 기반 시설을 통해 고속으로 이동해 주문자의 문 앞으로 배송된다. 택배도시란 개인의 이동을 최소화하면서도 도시의 기능을 유지하기 위해 택배처럼 사물이 이동하는 서비스가 고도로 발전되어 그 내외부가 변화하는 도시를 말한다. 그리고 그 물건이 움직여 나에게 오는 데 필요한 택배도시의 기반 시설이 플랫폼이다. 플랫폼 경제를 통한 신속한 가격 비교, 배송 시간 단축 등으로 배달 서비스는 더욱더 보편적인 인프라 그 자체가 될 것이다. 택배도시에서는 공간의 구성과 물리적 배치가 택배에 의해 변화하며 도시

[2] 택배도시 현상에 관한 더 자세한 논의는 김리원, 「택배도시 현상 연구: 마켓컬리 행위경관을 중심으로」(서울대학교 환경대학원 박사학위논문, 2022)를 참고할 것.
[3] 「"사람은 못 가도 택배는 간다" … 코로나가 일으킨 택배 열풍」, 《조선비즈》, 2020년 9월 22일.

민의 공간 사용법 또한 변화한다. 다음은 택배도시민인
나의 일주일이다.

사적 영역과 공공 영역의 경계를 넘나드는 라이더

월요일에는 사무실로 출근한다. 오전 9시에 아슬아슬
하게 도착하면 이미 기진맥진해 점심시간만 바라본다.
한 시간의 식사 시간을 효율적으로 사용하려면 이동 시
간이 소요되는 외식보다 배달 음식을 선택함이 타당하
다. 배달 앱으로 음식을 주문한다. 배달 앱은 이제 음식
이 도착하는 데 걸리는 시간까지 알려 준다. 앱 화면에
뜨는 배달 기사 아이콘의 움직임을 확인하고 있다 보
면, 오토바이를 탄 '배민 라이더'가 음식점 문에서부터
사무실 문까지 음식을 배달해 준다.

배달 산업의 급격한 발전으로 한국의 거리도 오토
바이에 의해 점령되고 있다. 오토바이가 배달 산업의
도구로 사용되는 이유는 오토바이에서 기대할 수 있는
도어 투 도어(door to door) 서비스와 그 유연성, 도시 생
활과의 정합성에 있다. 자가용에는 반드시 지켜야 할

계획된 '자가용의 길'이 있다면, 오토바이는 작은 크기와 기동성으로 자가용보다 쉽고 빠르게 사적 영역과 공공 영역의 경계를 넘나들 수 있다.

통신 기술의 발달로 사무직 노동은 이제 어디서나 이루어질 수 있다. 그러나 여전히 많은 기업은 전면 재택근무로의 전환을 이루지 못했고, 직주 인접과 직접 경제 같은 공간적 근접성에 의한 경제적 이점을 위해 도심에 자리 잡고 있다. 그러나 업무를 하고 생활하는 데 필요한 물건은 도시 내외부에 흩어져 있다. 자본주의하 인간의 시간은 금전적 가치로 치환되기 때문에, 비용 절감을 위해서도 개인이 매번 물건을 얻으려고 직접 이동하기보다 제삼자에 의한 물건의 이동이 권장된다. 이것이 물류 혁명의 한 배경을 이룬다. 그렇게 도시민은 택배를 절실하게 기다리고, 또 누구보다 반갑게 맞이하게 되었다.

물류의 발달은 배달원과 수령자의 관계에도 영향을 미치기 시작한다. 배달원은 수익 창출을 목적으로 배달 시간을 줄이기 위해 교통 법규를 위반하곤 한다. 좁은 보행로, 차와 차 사이를 요리조리 빠져나가는 곡예 같은 운전은 오토바이의 물리적 특성에 의해 가능한

데, 이 과정에서 보행자 혹은 다른 차량과 부정적 상호작용을 한다. 멀리 오토바이를 탄 배달원이 빨간불이 켜진 횡단보도를 무단으로 건너는 모습이 보인다. 느닷없는 위협에 놀란 보행자는 얼굴을 찡그린다.

쇼핑 공간이 된 지하철

화요일은 새벽 5시에 일어나 아주 먼 여행을 떠나는 날이다. 국가와 도시계획의 의도 아래 매일같이 마주하는 기반 시설인 출근길. 인천 송도에서 서울 청량리에 있는 서울시립대까지는 두 시간 30분이 꼬박 걸린다. 아침 6시부터 1호선에는 사람이 왜 이렇게 많은지 만원 전철 안은 격정적인 투쟁의 공간이다. 넘어지지 않으려고 흔들리는 손잡이를 동아줄처럼 잡고 있거나, 하차하기 위해 사람들을 헤쳐 나가거나, 앞에 앉은 사람이 혹시라도 일어나지 않을까 희망을 품고 서로를 염탐하는 모습 등은 말 그대로 전장 같다.

강의하고 돌아오는 길은 상대적으로 낫다. 앉아서 쉬며 두 시간을 보내는 동안 앱을 켠다. 대중적인 식재료 배송 플랫폼의 앱이다. 집에 도착하면 바로 조리해서 먹을 수 있도록 이것저것 담아 본다. 전철은 플랫폼 앱을 통해서 쇼핑 공간이 된다. 전철에서 보내는 이동 시간은 쇼핑 시간이 되고, 집에 도착하면 주문한 물건이 현관문 앞에 배송되어 있다. 쇼핑의 시공간적 제약은 전자상거래 플랫폼을 통해 최소화되고, 소비자와 물건의 직접적 상호작용은 스마트폰 화면과 현관문에서만 일어난다.

전자상거래 플랫폼의 앱 화면은 오프라인 가게의 매대처럼 물건을 매력적으로 보이기 위한 조형적 노력의 결과물이다. 각 플랫폼을 상징하는 앱 디자인이나 이미지 사진 촬영 기술 등은 택배도시에 필수적인 마케팅 능력이다. 전철, 화장실, 침대 위는 이러한 매대를 구경하고 구매하는 쇼핑 공간이 된다. 글로벌 커피 브랜드 스타벅스의 배달 봉투에는 "당신이 있는 곳이 곧 스타벅스가 됩니다."라고 쓰여 있다. 특정 공간에서만 경험할 수 있었던 물건이 배달 서비스를 통해 구매자의 생활 공간으로 직접 이동한다. 그 물건을 통한 특정한 경험은, 과장을 조금 섞자면 구매자의 공간을 대형 프랜차이즈 카페로 만들어 준다. 택배도시에서는 인터넷만 있으면 모든 공간이 잠재적 소비 공간이고, 그 안에서 다른 상호작용, 다른 행동이 이뤄지게 만들며, 기존의 물리적 공간은 또 다른 의미를 갖게 된다.

24시간 깨어 있는 도시

금요일에는 내가 속한 협동조합에서 운영하는 문화 공간으로 출근한다. 문화 공간 1층에는 50세 이상의 '신중년'을 고용하는 카페가 있다. 매출과 예약 현황, 재고 및 필요한 물건 등 한 주의 현황을 살피다가 그간 몇 개의 컵이 깨지고 티스푼이 사라진 사실과 바닐라 시럽, 크루아상 생지 같은 재료가 얼마 남지 않은 것을 발견한다. 이제 3년 차인 관리자는 당황하지 않는다. 필요한 물품이 하루 안에 도착한다는 것을 알고 있기 때문이다. 물류의 가속화 체계로 심지어 오늘 밤에 주문한 물건을 내일 새벽에 받을 수 있다. 전자상거래 플랫폼은 사용자의 상품 구매에 공간적 제약이 거의 없다는 것뿐만 아니라, 24시간 끊임없이 운영된다는 특징이 있다.

  쉼 없이 운영되는 플랫폼은 『24시간 사회』의 저자 크라이츠먼이 설명하는 '24시간 깨어 있는 사회'를 만든다. 그는 전 세계적으로 직장인 여성이 급증하자 가족 구조가 변화하며 사회가 24시간 운용되어야 하는 시간적 압력이 발생했다고 얘기한다. 자녀를 둔 25~45세의 일하는 여성들은 "지구상에서 가장 바쁜 사람 중 하나"[4]다. 이들은 사회와 가정에서 두 번 근무하기 때문에 항상 낮의 제한된 시간에 쫓기고 24시간 운영되는 사회를 절실히 필요로 한다. 새벽 배송 서비스를 운영하는 마켓컬리의 주 고객층이 30, 40대의 바쁜 여성이라고 하니[5] 크라이츠먼의 설명이 어느 정도 검증된 셈이다.

크라이츠먼에 따르면, 인터넷의 발전과 그로 인한 결제 자동화, 주문 처리 시스템, 전 세계 소비자와의 연결 같은 부차적 현상이 인간 삶의 시간적 제약을 무너뜨리면서 24시간 사회가 가능해졌다. 밤은 낮이라는 부족한 시간 자원을 보조하는 새로운 공급원이 될 가능성이 있으므로 현대인의 시간 부족 문제가 해결될 수 있는 것이다. 새벽까지 돌아가는 플랫폼은 택배도시를

[4] 레온 크라이츠먼, 한상진 옮김, 『24시간 사회』(민음사, 2001), 43쪽.
[5] 와이즈앱·리테일·굿즈(www.wiseapp.co.kr) 참고.

심화하는 바쁜 현대 도시의 기반 시설이라 할 만하다.

"배달의 민족 주문!" 오전 11시가 되면 포스기가 다발적으로 울리기 시작한다. 구매자이던 내가 이제 플랫폼의 판매자가 되는 시간이다. 필요를 가진 사람들을 서비스와 연결해 주는 플랫폼의 기능에 따라 택배도시 속 도시민의 역할은 순식간에 변화할 수 있다. 판매자는 언제 어디서나 소비자가 될 수 있고, 소비자 역시 특정 절차를 통해 쉽게 판매자가 될 수 있다. 최근에는 법적 성인 연령이면 오토바이나 자동차, 자전거가 있거나 심지어 교통수단이 없어도 플랫폼에 등록할 시 택배도시의 핵심 구성원인 배달자로 분할 수 있다. 오후 2시까지 이어진 커피 배달 콜이 줄어들고 포스기가 조용해지면 판매자의 지위를 잠시 내려놓는다.

지속 가능한 택배도시를 위한 과제

지금까지 택배도시에서 내가 겪는 경험의 일부를 공유했다. 시공간의 제약을 완화하고 소비자의 편의성과 판매자의 경제적 이익을 높이는 플랫폼은 과연 우리의 삶을 편하게 해 준다. 그러나 그 경험의 이면에는 택배도시의 문제점이 자리한다. 택배도시에 미래가 있으려면 그 기반 시설에 관해 질문해야 한다. 택배도시의 규제, 규범, 문화 등의 '비물리적 인프라'는 기술의 발전과 비교했을 때 어떤 수준인가?

빠르게 변화하는 택배도시민의 행태를 택배도시의 외형을 조성하는 규범이 따라가지 못하고 있다. 2014년 당시 안전행정부가 '무인택배함 설치·운영 가이드라인'으로 설치를 명문화한 공동주택 무인 택배함은 도어 투 도어 서비스의 보편화로 유명무실한 존재가 되었다. 텅 비어 있거나 때론 파손된 채 방치된 신식 아파트의 무인 택배함은 빠르게 변화하는 택배도시 서비스와 도시민의 반응 속도를 제도가 따라가지 못하는 상황을 상징적으로 보여 준다.

무엇보다 플랫폼 노동을 둘러싼 제도, 규범, 인식에 대한 논의가 부족하다. 2023년 5월 5일 어린이날, 배달 라이더들의 파업이 있었다. 배달 플랫폼 노동조합과 사측의 교섭이 결렬되었기 때문이다. 택배와 배달에 대한 수요는 여전히 높고, 배달 노동자의 수도 늘어가는 가운데 그 노동에 대한 명확한 기준과 보상 체계는 여전히 미흡하다. 그러나 이러한 파업 예고에 대한 소비자의 반응은 응원과 냉소로 양분된다. 그간 미디어의 재현과 개인적인 경험 등에서 비롯된 배달 라이더에 대한 부정적 시각 때문이다. 배달 과정에서 음식을 빼 먹거나, 빠르게 배달하고자 오토바이를 보행자에게 위협적으로 운전하는 등 일부 라이더의 일탈 행위는 배달자와 수령자 간 심리적 갈등을 유발한다. 이에 더해 '딸배'라는 배달원에 대한 멸칭으로 대표되듯, 배달원을 낮잡아보는 시선이 팽배하다.

또한 플랫폼의 운영 시간은 필연적으로 플랫폼 노동의 시간에도 직접적인 영향을 미친다. 24시간 깨어 있는 사회는 달리 얘기하면 돈으로 시간적 여유를 살 수 있는 계층을 위해 노동자가 24시간 일해야 하는 사회다. 상대적으로 가난한 노동자를 신체적으로 혹사하는 사회가 될 수 있다는 뜻이다.

구매자, 소비자, 배달자라는 도시민의 가변적인 지위는 플랫폼 노동력을 대체되기 쉽게 만든다. 대형 플랫폼은 관리와 수집이 간편한 디지털 데이터베이스를 통해 서비스 수요자와 공급자 모두를 쉽게 찾을 수 있으므로 노동력을 쉽게 확보할 수 있다. 이는 플랫폼 노동자가 극도로 불안정한 계약 조건, 스마트 기기와 알고리즘에 통제받는 구조, 더 많은 노동과 더 빠른 이동을 감당하게 종용한다. 이러한 불리한 노동조건 아래 플랫폼 노동자는 더 빨리 소비자에게 물건을 전달하기 위해 도로의 위험을 감수하고 교통 법규를 위반하게 된다. 이 악순환은 결국 도시 인프라 환경이 위험해지는 결과로 이어지고, 그 위험 부담은 도시, 플랫폼 기업 그리고 시민의 몫이 된다.

택배도시는 도시 곳곳으로 이어진 길, 언제 어디서나 '접속' 가능한 인터넷망의 보급, 소비자와 구매자와 배달자를 이어 주는 플랫폼 등의 인프라를 통해 구성되고 운영된다. 세계적인 플랫폼 기업 아마존에서는 드론 배달 기술을 도입했고, 물류 센터 자동화와 배달 로봇의 대중화 역시 코앞이다. 기술 발전과 함께 또 한 번 우리의 일상은 몰라보게 달라질 것이다. 그러나 플랫폼 노동의 조건, 배달 행위가 만드는 교통 규범, 배달자와 수령자의 안전 확보, 계급 및 세대 간 디지털 격차에 따른 서비스 소외 계층의 발생, 물건이 이동하면서 발생하는 엄청난 양의 쓰레기 문제 등 택배도시의 지속 가능성을 시험하는 중요한 과제들이 산적해 있다. 갑작스럽게 시작된 배달 호황이 끝나가는 지금, 플랫폼 기

업, 시민 사회, 도시계획 모두 지속 가능한 택배도시의
문화적 인프라에 대해 고민해야 할 때다.

걷는 로봇과 타는 사람

강미량

강미량   KAIST 과학기술정책대학원 박사과정. 포항공대 화학과를 졸업하고 KAIST 과학기술정책대학원에서 장애인과 비장애인 공학자, 의료진이 협업하여 걸음을 생성하는 과정을 탐구한 민족지 논문으로 석사학위를 받았다. 로봇과 휠체어 사례를 중심으로 장애, 재활, 기술이 관계 맺는 다양한 방식을 연구하고 있다. 함께 지은 책으로 『호흡공동체』가 있다.

[주요어] #몸짓들 #걷기 #휠체어
[분류] 과학기술학 > 장애연구

"걷는 몸에게 열린 플랫폼이
타는 몸에게는 닫혀 있다.
과연 이 플랫폼이
로봇을 탄 몸을
환영할 수 있을까?"

걷기를 생각할 때마다 나는 다른 이의 몸짓을 떠올린다. 사람들은 저마다 팔을 휘적이고, 다리를 교차하고, 머리를 오르락내리락하고, 발을 내딛는 독특한 리듬과 패턴이 있다. 어떤 이는 손을 가슴에 붙여 종종대며 걷고, 어떤 이는 팔을 넓게 휘두르며 보폭을 크게 한다. 움직이는 방식이 달라지면 몸짓도 달라진다. 휠체어를 타는 사람 중에는 몸을 세우고 양팔을 한껏 뒤로 보낸 뒤 바퀴를 굴려 이동하는 수동 휠체어 이용자가 있는가 하면, 허리를 편히 하고 버튼을 눌러 일정한 속도로 움직이는 전동 휠체어 이용자도 있다. 모든 사람은 세상을 향해 자신만의 방법으로 몸을 뻗는다.

　나는 오랫동안 이 몸짓들을 관찰하기를 좋아했

다.[1] 몸짓에는 일생의 많은 것이 녹아 있다. 타인과 보폭을 맞출 줄 아는 사람은 혼자 멀찍이 앞서 걷는 사람보다 돌봄 경험이 많을 가능성이 높다. 돌봄은 타인에게 시선을 두는 일이기 때문이다. 몸짓 읽기는 타자와 함께 있는 법을 가르쳐 준다. 휠체어를 타는 사람과 함께 움직이는 데 익숙한 사람은 바닥을 살핀다. 바퀴를 움직이기에 너무 무른 지면이나 휠라이[2]로 넘기 힘든 턱이 있는 곳을 피하기 위해서다. 몸짓을 읽다 보면 그 몸짓이 끝나는 경계선을 마주하기도 한다. 2021년 12월부터 지속되고 있는 전국장애인차별철폐연대의 출근길 시위는 지하철이 만남의 장소가 아닌 휠체어 타기를 배제하는 장소이기도 하다는 사실을 보여 주었다.[3]

[1] "몸짓들"에 관해서는 다음 책을 참조. 빌렘 플루서, 안규철 옮김, 『몸짓들: 현상학 시론』(워크룸프레스, 2018).
[2] 휠라이(휠리, wheelie)는 휠체어 사용자가 앞바퀴를 들어 올리는 스킬을 말한다.
[3] 학자들은 공항, 지하철 등 특정 플랫폼에서 벌어지는 이동과 멈춤의 정치에 대해 연구해 왔다. 장애학자 롭 임리는 이동할 수 있는 몸이 장애가 없는 몸과 같은 것으로 취급된다고 비판한 바 있다. Rob Imrie, "Disability and discourses of mobility and movement," *Environment and Planning A* Vol. 32(2000), pp.1641~1656.

강미량

나의 삶은 일상을 공유하는 가족, 반려동물, 친구의 고유한 몸짓들로 가득 차 있다. 그중에서도 장애인과 함께 걷기에 관심이 있어서 걷기를 연구하기 시작했다. 장애인의 걷기 혹은 장애인과 함께 걷기가 어떤 공간과 조건에서 가능하게 되는지 궁금했다. 동시에 걷기에 관한 기술이 다른 몸짓을 배제하지 않을 가능성도 생각해 보고 싶었다.

환영받지 못한 최첨단 로봇

나는 완전마비 장애인의 걸음을 보조하는 엑소스켈레톤(Exoskeleton) 로봇을 연구했다.[4] 엑소스켈레톤 로봇은 신체의 기능을 보조하거나 향상시키기 위해 입는 형태로 개발된 것이다. 특정 부위에 이 로봇을 착용하면 목적에 맞는 보조력을 얻을 수 있다. 1990년대부터

---

[4] 이어지는 세 절은 다음 글을 참고. 강미량·신희선·전치형, 「걸음을 만드는 사람들: 하지마비장애인과 로봇공학자의 사이배슬론 훈련 현장을 가다」, 《에피》 12호(이음, 2020), 70~96쪽; Miryang Kang, "Neither human nor robotic: Paraplegics, exoskeleton robots, and a new way of walking"(KAIST master's thesis, 2020).

개발되기 시작한 하지마비 장애인용 엑소스켈레톤은 2000년대부터 세계 각지에 판매됐다. 엑소스켈레톤은 영화 「아이언맨」의 로봇 슈트처럼 장애를 해결할 것이라는 기대를 한 몸에 받았다. 국내외 저명 매체에서는 마비 장애인이 로봇을 입기만 하면 휠체어에서 일어나 걸을 것이라는 전망을 내놓았다.[5]

그러나 장애학자와 장애운동가의 반응은 차가웠다. 엑소스켈레톤을 이용해 마비 장애인을 걷게 하려는 시도가 정상과 비정상의 위계를 재생산한다는 비판이었다. 휠체어가 접근할 수 있는 사회를 만드는 대신 개개인의 몸을 교정하는 방식은 보행의 정상성을 공고히 할 뿐이다.[6] 장애학에서는 장애와 비장애의 구분에

---

[5] "Watch an exoskeleton allow the disabled to walk," *Wall Street Journal*(2014. 7. 17.); 「웨어러블 로봇, 장애인 삶의 질 높이는 신기술」, 《전자신문》, 2018년 9월 19일; 「'로봇 기술로 신체장애 극복' 사이배슬론 국제대회」, 《KBS》, 2020년 11월 14일.

[6] Dikmen Bezmez & Sibel Yardımcı, "Rehabilitation technology and the reproduction of bodily normalcy: a critical analysis of robotic gait training in Turkey," *Scandinavian Journal of Disability Research* Vol.18 no.4(2016), pp.343~353; Jennifer Robertson, *Robo Sapiens Japanicus: Robots, Gender, Family, and the Japanese Nation* (University of California Press, 2018).

따른 차별을 비장애중심주의라고 정의하는데,[7] 기술철학자 애슐리 슈는 신기술을 매개로 비장애중심주의가 강화되는 현상을 '테크노에이블리즘'이라 부르며 엑소스켈레톤 로봇을 대표적인 예시로 들었다.[8] 엑소스켈레톤을 비판한 연구들은 공통적으로 이 신기술이 걷기에 대한 사회적 선호를 드러낼 뿐 장애인의 실제 삶을 개선하지 못한다고 지적한다. 로봇은 장애인의 취약한 경제적 상황에 비해 너무 비싸고, 밖에서 자유롭게 사용할 수 없으며, 대소변 관리와 통증 완화 등 지금 당장 직면한 문제를 해결하는 데도 유용하지 않다는 것이다. 이런 연구에서 로봇을 사용하는 장애인들은 첨단 기기의 의학적 효과가 불명확함에도 비장애중심적인 사회의 선호에 따라 걷도록 요구받는 피해자였다.[9]

---

[7] 에이블리즘(ableism)은 맥락에 따라 능력차별주의, 비장애중심주의, 능력주의, 강건신체주의 등으로 번역된다. 이 글은 능력의 차이에 따른 차별보다 표준에서 벗어난 몸짓을 주로 다루므로 비장애중심주의로 번역했다.

[8] Ashley Shew, "Ableism, technoableism, and future AI," *IEEE Technology and Society* Vol.39 Issue. 1(2020), pp. 40~50, 85.

[9] Dikmen Bezmez & Sibel Yardımcı, 앞의 글; Dikmen Bezmez, "Looking for a 'cure': negotiating 'walking' in a Turkish rehabilitation hospital," *Disability & Society* Vol.31

이러한 비판은 장애를 개인의 문제가 아닌 사회적 구성물로 보는 장애의 사회적 모델에 기반을 둔다. 보행과 휠체어의 대립은 장애가 낮은 접근성, 문화적 배제, 고용기회 상실, 의료적 개입 등의 상호작용으로 구성된다고 보는 사회적 모델의 주요한 논거다. 보행이 몸의 재활을 뜻한다면 휠체어는 사회적 변화를 나타내는 상징이다.[10] 사회적 모델을 주창한 장애학자 마이크 올리버는 마비 장애인을 위한 보행 기술은 자비롭지도, 이롭지도 않으며 오용된 기술일 뿐이라고 강하게 비판했다. 올리버는 장애인에게 이로운 기술이란 보행 기술이 아니라 휠체어가 접근 가능한 사회를 만드는 기술이라고 생각했다.[11] 엑소스켈레톤에 대한 비판은 40년 전 보행 기술에 대한 비판과 공명한다.

본격적인 연구에 앞서 문헌을 검토하며 나는 걷기 자체에 비판적인 입장을 갖게 됐다. 걷기를 찬양하는

no.3(2016), pp.389~405.
[10] Mike Oliver, *Understanding Disability: From Theory to Practice*(2nd ed.)(Palgrave Macmillan, 2009).
[11] Mike Oliver, "The misuse of technology: walking appliances for paraplegics," *Journal of Medical Engineering and Technology* Vol.2 no.2(1978), pp.69~70.

책은 장애를 고려하지 않은 글쓰기 같았다. 인류가 네 발 보행에서 두발 보행으로 진화하는 그림은 걷기를 강조하는 비장애중심주의적 구조가 과학에 미치는 영향을 떠올리게 했다. 이 무렵에는 걷기에 너무 비판적이었던 나머지 걷는 몸을 가진 사람은 이런 연구를 할 자격이 없다는 생각으로 괴로워할 정도였다. 구체적인 몸짓에서 출발한 연구가 추상적인 이론 속에서 허덕일 즈음 현장 연구가 시작됐다. 2019년 가을이었다.

롯 입은 파일럿의 걷기 전략

내 연구 현장은 사이배슬론 출전을 위해 완전마비 장애인용 엑소스켈레톤 로봇을 개발하는 공대 연구실이었다. 사이배슬론(Cybathlon)은 사이보그(Cyborg)와 애슬론(-athlon)의 합성어로, 로봇을 장착한 장애인들이 시합을 벌이는 대회를 뜻한다. 사이배슬론에서 장애인 선수는 기계를 작동한다는 의미에서 '파일럿'으로 불린다. 장애인 당사자와 함께 로봇을 개발하는 것이 특징인 이 연구실에서 장애인 파일럿은 공학자와 물리치료사들에 둘러싸여 로봇을 테스트했다.

현장에 막 들어가서는 걷기가 로봇을 거쳐 장애인의 몸짓에 기입되는 과정에 주목했다. 걷기에 대한 장애학적 비판에서는 로봇을 쓰는 장애인의 몸짓이 잘 드러나지 않았다. 로봇을 입은 장애인은 어깨를 들썩이며 걸을까? 걸을 때 로봇 외에 다른 도구를 쓰지는 않을까? 몇 분 동안 몇 보를 걸을까? 이 물음의 답은 로봇을 만드는 공학자의 행위를 따라가며 찾을 수 있을 듯했다. 나는 공학자들이 로봇에 '정상 보행'이라는 특정한 패턴과 리듬을 집어넣으면 로봇을 입은 장애인은 그 설계에 따른 움직임을 반복할 것이라고 가정했다. 이것을 현장에서 확인한다면 장애인이 로봇에 의해 걷는다는 사회적 모델의 비판에 '몸짓'이라는 관점을 넣을 수 있을 터였다. 구조를 체현한 로봇에 의해 일률적으로 걷는 장애인. 이것이 예상 연구 결과였다.

하지만 현실은 달랐다. 장애인 파일럿들은 로봇을 입고도 원래 몸의 특성에 따라 다르게 움직였다. 공학자들은 미리 정해진 '정상 보행' 움직임만으로는 파일럿들이 걸을 수 없다는 사실을 이미 알고 있었다. 로봇과 인간이 움직이는 원리가 서로 다를 뿐 아니라 개별 장애인이 선호하는 움직임의 패턴과 리듬이 제각기 다르므로, 이들은 파일럿들을 연구실에 초대해 몸에 대한 설명을 듣고 테스트를 거치며 로봇을 조정했다. 파일럿 중에는 로봇을 써 본 사람도, 안 써 본 사람도 있었다. 그러나 과거 경험에서 움직임의 레퍼런스를 가지고 온다는 점은 모두가 같았다. 파일럿들이 로봇을 타자 현재까지의 움직임의 역사가 관절 각도와 보폭과 발 높이의 차이로 드러났다.

장애인 파일럿들은 몸의 차이를 교정해야 할 무언가로 여기지 않았다. 로봇이 힘을 주는 대로 따라 걷는 대신 자신의 몸 경험을 반영해 발걸음을 옮겼다. 이들을 오래 보다 보면 왜 그런 걸음을 택했는지 조금은 알수 있었다. 로봇을 오래 써 온 한 파일럿은 우람한 어깨 근육을 활용해 속도를 높였다. 이 방식은 상체를 구부려 무게중심을 옮겨야 했던 이전 로봇의 경험에서 따온 것이었다. 로봇을 처음 쓰는 파일럿들은 그렇게 움직이지 않았다. 어깨 대신 손목에 힘을 줘 통증을 줄이거나, 가슴을 튕겨 리듬을 탔다. 비장애인의 걷기가 모두 다른 것처럼 로봇을 사용하는 완전마비 장애인의 걷기 또한 모두 달랐다. 타인의 몸짓을 읽으며 그 사람을 알 수 있는 것처럼 로봇을 활용한 걷기 역시 걸음을 행하는 그 사람에 대해 알려 주었다.

기술을 쓰는 유연한 몸

내가 본 장애인의 독특한 몸짓은 사이배슬론 대회 준비라는 특수한 조건에서 가능했다. 장애인과 공학자가 이렇게 밀도 높게 협업하는 사례는 매우 드물고, 소수의 사람을 위해 공학자가 직접 로봇을 조정하는 일도 거의 없다. 언론은 여전히 로봇으로 장애를 극복할 수 있다는 보도를 내고, 정부는 휠체어가 접근할 수 있는 지하철을 만드는 대신 로봇 개발에 천문학적인 돈을 지원한다. 그렇기에 로봇이 보행의 정상성을 강화한다는 장애학적 비판은 여전히 유효하다.

하지만 구조에 대한 비판이 이야기의 전부는 아니다. 몸을 보며 걸음의 각도를 1도씩 조정하는 일을 비장애중심주의적인 구조에 복무하는 행위로 간단히 환원시킬 수는 없다. 이 몸짓은 추상적인 구조 아래 억압받는 수동적인 장애인의 것이 아니라, 몇십 년의 삶이 누적된 몸으로 로봇을 마주한 장애인의 구체적인 움직임이기 때문이다. 구조로 돌아가는 순간 2019년 어느

강미량

날 행해진 몸짓의 독특함은 사라지고 만다.

로봇과 휠체어는 대립하거나 서로를 대체하는 기술이 아니다. 파일럿 대부분은 지금 당장 휠체어에서 벗어나기 위해 로봇을 사용하지 않았다. 속도, 안전성, 독립성 면에서 로봇보다 나은 휠체어를 더 친숙한 기술로 여겼다. 로봇을 타면 기껏해야 시속 2킬로미터 남짓으로 걸을 뿐이지만 휠체어로는 서너 배 빠르게 움직일 수 있다. 또 로봇을 탈 때는 낙상에 대비해 주변의 도움을 받아야 하지만 휠체어는 혼자서 밀 수 있다. 이러한 이유로 한 파일럿은 로봇은 "보조 도구"이고 휠체어가 "신체의 일부"라고 표현했다.[12]

그럼 왜 장애인 파일럿들은 로봇 개발에 참여했을까? 이유는 저마다 달랐다. 로봇을 보조 도구라 말한 파일럿은 사이배슬론 대회가 장애인은 수동적이라는 대중적 이미지를 깨고 "경쟁적이고 주체적인 개인으로 활동"하는 자리라는 점을 높이 샀다.[13] 로봇을 운동 목적으로 쓰는 파일럿은 규칙적인 보행 운동으로 하

[12] 이주현, 「사이배슬론 2020 국제대회 출전기」, 《에피》 16호 (2021, 이음), 78쪽.
[13] 위의 글, 80쪽.

체 근육을 유지하고 욕창을 방지하고자 했다. 휠체어가 바깥 이동을 담당한다면 로봇은 하체 건강을 맡은 셈이다. 이들의 삶에서 휠체어와 로봇은 다른 공간에서 펼쳐지는 다른 관계를 직조하는 기술이었다. 휠체어를 타고 연구실에 도착하면 로봇을 한 시간가량 탄다. 귀갓길에는 또다시 휠체어를 탄다. 휠체어를 탈 때는 혼자 바퀴를 밀어 넓은 범위를 움직이고 로봇을 탈 때는 공학자와 물리치료사의 보조를 받아 제한된 범위 안에서 걷는다. 이들에게 로봇 타기는 휠체어의 포기가 아니라 걷기를 선택적으로 수행하는 행위였다.

닫힌 플랫폼을 열자

로봇 재활 치료 홍보 영상은 보통 휠체어를 탄 이가 로봇의 도움을 받아 다시 일어서서 걷는 고정된 서사를 보여 준다. 그런데 한 병원의 영상은 순서가 반대였다. 영상 속 댄서는 로봇 재활 치료를 받고 휠체어 위에서 춤을 췄다. 리듬에 맞춰 바퀴를 굴리다가 휠체어를 회전하는 순간에 팔을 뻗어 관객을 바라보았다. 부드럽고도 강렬한 눈빛이었다. 걷는 몸이었을 때 익혔을 손짓

강미량

과 로봇을 타며 익혔을 균형감이 모두 보였다. 이 댄서에게 휠체어 밀기는 로봇 기술이 더 발달할 미래에 대체될 과거의 유산이 아니라 세상에 몸을 뻗는 다른 종류의 움직임이었다.

나는 걷기를 장애 정치의 포기로, 휠체어를 걷기의 포기로 보기를 멈추었을 때 비로소 다양한 움직임을 몸에 축적한 사람들을 만났다. 휠체어를 타다가 로봇에 옮겨 타 걷는 파일럿들이 있듯이, 로봇을 타다가 휠체어로 옮겨 타 춤을 추는 사람들이 세상에 있었다. 이제는 걷는 몸에 죄책감을 느끼지 않는다. 대신 함께 걷기에서 함께 움직이기로 문제가 확장되었다. 내가 만난 독특한 몸짓들은 여전히 연구실이나 병원 같은 한정된 공간에 머물러 있다. 장애인과 휠체어와 로봇이 잘 움직일 수 있도록 단을 낮추고 틈을 메꾸고 적절한 인력을 배치한 공간들. 그러나 이 공간을 나서는 순간, 걷기와 타기의 움직임을 가능하게 했던 조건들이 사라지고 로봇과 휠체어가 멈춘다. 우리가 목도한 지하철 시위는 이렇게 멈추게 된 수많은 휠체어들이 만들어 낸 것이다.

만약 플랫폼이 사람들을 다른 곳으로 손쉽게 이동시키는 역할을 한다면, 우리 사회의 플랫폼은 타는 사람들을 이동시키는 데 꾸준히 실패하고 있다. 걷는 몸에게 열린 플랫폼이 타는 몸에게는 닫혀 있다. 과연 이 플랫폼이 로봇을 탄 몸을 환영할 수 있을까? 같은 시간에 같은 역에서 내리는 승객들처럼, 타는 몸과 걷는 몸이 동시에 오르고 함께 내리는 플랫폼을 상상한다. 이 공동의 몸짓이 어떻게 가능할 수 있을까? 이것이 남은 숙제다.

독섬으로 향하는 급행열차

전현우

전현우 하루 3~4시간을 들여 인천과 서울을 오가는 가운데 철도와 교통 정책을 연구하게 되었다. 『거대도시 서울 철도: 기후위기 시대의 미래 환승법』을 썼고 이 책으로 61회 한국출판문화상 학술 저술상을 받았다. 『미래를 여는 길, 한국철도: 제4차 철도산업발전기본계획 대안연구』 등의 연구를 수행했고, 정부와 여러 지자체에 철도 정책 자문위원으로 참여했다. 『납치된 도시에서 길찾기: 이동의 위기 탐구』에서 기후위기 시대 이동의 의미와 도시계획의 방향을 철학적으로 탐구했고 『오송역: 이상한 분기역의 비밀과 오차 수정의 길』에서 고속철도 오송분기가 탄생한 맥락을 추적했다. 『그리드』(공역), 『사고실험』, 『증거기반의학의 철학』(공역) 등을 옮겼다. '변화를 꿈꾸는 과학기술인 네트워크(ESC)' 회원이며 서울시립대 자연과학연구소 연구원으로 있다.

[주요어] #양면시장 #교차네트워크효과 #철도
[분류] 경제학 > 경제사상

"플랫폼 사업자들은
독점의 올가미로
오늘날 한국인의 관심을 장악하고 있다.
어느 플랫폼이 더 싼지 확인하기 위해
부지런히 움직이는 손가락들."

아침마다 열차를 기다리는 승강장. 기다리던 열차가 스크린도어 너머에 미끄러져 들어온다. 수백 명의 승객이 열린 문에서 쏟아져 나오고, 더 많은 사람들이 열차에 탑승한다. 열차는 이 역에서 발차해 여러 역을 하나의 선으로 꿰어 나갈 것이다.

이 승강장의 다른 이름이 바로 '플랫폼'이다. 플랫폼? 그렇다. 요사이 모두가 입에 올려 온갖 곳으로 번져 나가는 바로 그 말. 단순한 유행어가 아니라 정보화 사회가 겪어 온 변화를 차곡차곡 담고 있는 단어. 변화의 핵심에는 독과점 기업이 있다. 정보화는 독과점 기업이 과거보다 우리의 삶 속에 더 깊숙하게 들어오도록 만들었으며 이들이 장악한 수단이 바로 IT 플랫폼이다. 우리는 이 플랫폼을 활용하면서 뭔가를 얻었고, 다른 뭔가를 잃었다. 변화 속에서 마지못해 떠밀려 다니는 신세가 되지 않으려면 무엇을 해야 하는가?

플랫폼 범람

최근 2년간은 '플랫폼'의 시대였다. 이 말이 얼마나 많이 쓰였는지를 인문잡지《한편》의 다른 주제어와 비교해 보자.

　'플랫폼'의 상승세는 다른 모든 표제어를 압도한다.(7년 10배) '콘텐츠'만이 그에 견주어 볼 수 있지만, 이 역시 2000년경 급증한 뒤 완만한 상승세(20년 3배)를 보여 줄 따름이다. '대학'은 4%의 기사에서 늘 언급되었으나 조금씩 줄어들었다. 30년에 걸쳐 꾸준히 상승한 '동물', 2015년 즈음 반짝 상승한 '외모'는 1% 선에 턱걸이한다. 나머지 네 단어는 서로 구별도 힘들다. 그렇다면 2021~2022년 두 해 동안 한국 언론 기사 5%에 등장한 '플랫폼'은 시대를 관통한 말이다.

　'플랫폼'은 대체 왜 이렇게 많은 사람들에게 화제가 되었을까? 이 말의 범람은 정보기술의 발전과 관련

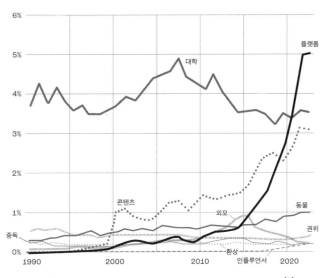

《한편》의 표제는 매 해 발행된 언론 기사 가운데 몇 %에 등장했나?[1]

이 깊다.[2] 1990년대 초 '플랫폼'은 '승강장'보다도 등장 빈도가 낮았다. 그 비중이 역전된 것은 1995년이다. '컴퓨터'가 마이크로소프트의 윈도즈 95와 함께 장안의 화제가 된 그해. 기사 열 건 중 하나가 '인터넷'에 대해 말했던 닷컴 버블의 2000년에 플랫폼의 언급 횟수

[1] 빅카인즈에서 추출. 분모는 각 연도의 전체 기사 수(1990년 48만 ~2019년 393만 개), 분자는 각 단어로 검색했을 때 연도별로 등장한 기사 수. 동음이의어가 많은 '세대', 단음절어 '일'은 제외했다.
[2] 이하의 내용은 각주 1과 같은 방법으로 계산했다.

는 1999년보다 3배 커진다. IT 용어로 자리 잡힌 이 말은 10여 년간 천천히 세를 불리다가 '모바일'이 기사의 9%에 등장했던 2013년 이후 다시 지수적인 언급 빈도 상승세를 보여 준다. 2015년 한국 언론에서 '플랫폼'은 '컴퓨터'보다 더 흔하게 쓰이고, 곧 '모바일'이나 '인터넷'보다도 언론에 많이 오르내린다. 2020년대 초 '비대면'의 급증과 함께 '플랫폼'의 언급 빈도는 지금의 정점에 도달한다.

지난 20여 년간 누적되어 온 정보 기술의 변천 위에 최근 3년 이어진 코로나19의 효과가 플랫폼 범람 속에 녹아 있다. 컴퓨터, 인터넷, 스마트폰(모바일), 비대면…… 정보화 과정 속에서 누적된 IT 산업의 언어 관행이 사회 전체를 관통하게 된 현상이 지금의 플랫폼 범람이다.

양면시장에서 독점까지

그러나 여기까지는 다만 이야기의 반쪽일 뿐이다. IT 산업 특유의 열광, 즉 무언가 새로운 사회와 사업 기회가 열렸다는 열광을 걷어내고 보면 플랫폼은 적어도 시

전현우

장경제만큼 오래된 문제를 품고 있기 때문이다.

무엇이 그 문제인가? 독점이다. 결론부터 말하면, 플랫폼의 논리는 독점을 지향한다. 이른바 빅테크의 강고한 지위를 떠올려 보라. 카카오톡의 올가미에서 자유로운 사람이 얼마나 될까?[3] 그러나 독점의 문제는 플랫폼 논의에서 그리 주목되지 않았다. 나는 양면시장(two-sided market) 개념이 플랫폼 논의에서 간과되었기 때문에 이런 빈틈이 생겼다고 생각한다.[4]

시장에서는 물건을 파는 공급자와 물건을 사는 소비자가 만난다.[5] 아무 조건 없이 이들이 만날 수는 없는 만큼, 누군가 판을 깔지 않으면 안 된다. 한국어 '판'으로 지시하면 충분한 대상의 이름이 '플랫폼'이 된 이

[3] 약 4800만 명이 활용 중이므로 한국인 가운데 약 300만 명(6%)가량이다.

[4] 양면시장에 대한 경제학의 논의로 다음을 참조. The Royal Swedish Academy of Sciences, "Scientific Background on the Sveriges Riksbank Prize in Economic Sciences in Memory of alfred Nobel 2014 — Jean Tirole: Market Power and Regulation"(2014. 10. 13.).

[5] 이승훈, 『플랫폼의 생각법』(한스미디어, 2020), 83~92쪽. 이승훈에 따르면 플랫폼은 광장, 시장, 인프라 플랫폼으로 분류할 수 있다. 이 글에서는 '시장'을 기본값으로 보고, 필요에 따라 '광장'을 검토한다. '인프라'는 기업 간 거래나 앱 개발 동향을 분석하는 맥락에서 유용한 분류다.

유야 IT 산업의 기원이 미국임을 떠올리면 된다. 성공한 플랫폼 사업자는 충분한 수의 공급자와 소비자를 끌어들여 자기들의 판 위에서 거래하도록 만들어 낸 사업자다. 직접 거래하는 것보다 더 간편하게 거래하도록 만들면 사람들이 모이기 마련이다. 실패는 역으로 생각하면 된다.

이걸로 충분할까 싶을 정도로 기본은 간단하다. 그렇지만 판의 기술적 다양성, 산업과 사업자 사이에 있는 세밀한 차이들은 공통점을 덮어 버릴 정도로 혼란스럽다. 여기에서 평가 술어에 주목해 보자. 성공과 실패.

언제 판이 성공할 것인가? 공급자와 소비자가 이 판에서 거래하는 것이 자신에게 더 이익이 된다고 믿으면 된다. 공급자를 모으려면 소비자가 많을수록 좋다. 범용 상품이라면 판매량을 손쉽게 늘릴 수 있고, 특수한 상품이라면 이 상품이 노리는 소비자도 판에 모인 소비자의 전체 수에 비례해 늘어날 테니. 소비자를 모으기 위해서도 공급자가 많을수록 좋다. 보통 소비자라면 구색이 많이 갖춰져 생활에 필요한 모든 걸 찾을 수 있으면서, 공급자끼리 경쟁이 붙어 가격도 싼 판을 찾으려 할 것이다. 이렇게 구색이 많으면 취향이 뚜렷한

　　　　　　　전현우

소비자까지 만족시킬 상품이 있을 가능성도 크다. 공급자와 소비자 모두가 원하는 시장은 상대편이 충분히 많은 시장이다.

이렇게 시장에서 거래하는 양면이 있을 때 상대의 규모에 비례해 자신의 이익도 커지는 현상을 교차 네트워크 효과(cross network effect)라고 한다. 플랫폼 사업자가 하는 일은 바로 이 교차 네트워크 효과를 극대화하는 방법을 찾아내는 데 있다.[6] 공급자와 소비자를 모으려면 초기 수수료를 낮추거나(배달의민족) 아예 무료로 플랫폼을 사용하도록 해야 한다.(유튜브) 이를 위해 활용되는 자금원은 플랫폼이 처음 시작할 때는 수익성 있는 투자처를 찾아 금융 시장을 맴도는 유동 자금이다.[7] 이 돈으로 플랫폼 사업자는 여러 판을 오가는 뜨내기(multi homer)를 붙잡고 자신들의 판을 여러 번 이용하는 붙박이(single homer)는 유지해야 한다. 뜨내

---

[6] Jullien, B, Pavan, A, & Rysman, M, "Two-sided Markets, Pricing, and Network Effects"(London: Centre for Economic Policy Research, 2021).

[7] 이 때문에 최근의 플랫폼 범람을 저금리 및 고용 불안 국면에 의해 나타난 일종의 거품으로 해석하려는 시도가 많다. 닉 서르닉, 심성보 옮김, 『플랫폼 자본주의』(킹콩북, 2020), 31~40쪽.

기의 사용료는 낮춰 주되, 붙박이에게는 자기네 판 내부에서만 쓸 수 있는 쿠폰을 준다면 이 목표를 달성할 수 있을 것이다. 한편 금융 시장과 사용료에서 독립된 수익을 얻으려면 광고에서 수익을 얻어야 한다. 이를 위해서는 플랫폼이 생성하는 데이터의 양과 품질을 관리해야 한다. 아예 유사·연관 사업자를 문어발처럼 인수해서 서비스를 통합해 비용은 낮추고, 뜨내기 행동을 차단하는 것도 방법이다. 예를 들어 마이크로소프트와 애플은 각각의 운영 체제(OS)를 가졌으므로 앱 제작사를 인수 통합할 경우 서비스 품질을 올릴 수 있다.

뜨내기를 붙잡고 붙박이를 유지하려는 단계에서 플랫폼 사업자는 서로 경쟁한다. 교차 네트워크 효과, 즉 소비자와 공급자가 해당 판에서 누릴 수 있는 이익의 극대화를 위해서는 네트워크가 크면 클수록 좋다. 플랫폼 사업자가 자연스레 독점을 지향하는 이유다. 독점이란 공급자와 소비자 모두 가능한 최대의 규모에 도달해, 플랫폼에서 구성 가능한 네트워크가 가장 많아진다는 뜻이기 때문이다. 이 중에서도 IT 플랫폼은 통신망에 기반하므로 네트워크의 규모가 커지면서 생기는 문제를 해결하는 일도 상대적으로 쉽다. 무선통신망의

전현우

발달에 힘입어 카카오톡은 성인의 수보다도 가입자가 많아졌다. 단체방을 감안하면 이들이 제공할 수 있는 연결 경우의 수는 천문학의 규모를 넘는다. 성공한 플랫폼 사업자가 독점의 아성을 구축하지 못한 것처럼 보인다면, 그것은 하나의 사업자가 지배하기 어려울 정도로 다변화된 시장이기 때문일 것이다.

낙관 대 비관

플랫폼 범람은 21세기 들어 우리에게 새롭게 열린 통신망에 기반을 두고 있다. 하지만 자신이 활동하는 시장의 점유율을 극대화하려 한다는 점에서 플랫폼 사업자는 여느 기업과 다르지 않다. 교차 네트워크 효과가 작용할 수 있는 시장의 규모와 범위가 컴퓨터와 인터넷에 힘입어 지구 전체로 확대되었고, 모바일의 힘으로 우리의 손바닥에 착 붙어 있게 되었으며, 코로나19의 위력 앞에 모바일 이외의 다른 거래 방식이 우리 손에서 잠시 멀어졌다는 것이 차이일 뿐이다.

플랫폼을 공정하게 다루려면 새로운 부분과 오래된 부분 모두를 함께 조명해야만 한다. 개별 산업을 면

밀히 분석하지 않은 채 플랫폼 사업자 일반을 저금리 시대의 거품이자 사용자 일반이 창출한 공유재를 수탈하는 옥상옥으로 비난하는 길은 과도한 비관주의로 빠진다.[8] 플랫폼 사업자가 사회적 가치를 증대시키는 데 실질적 기여는 하지 못했다는 주장이 되기 때문이다. 한편 성공한 플랫폼 사업자가 그 자체로 과거에 없던 새로운 가치를 사회에 더했고 앞으로도 그럴 것이라고 말해도 지나치게 낙관적이다.[9] 이미 독점 지위를 장악한 사업자가 무슨 동기로 그러겠는가? 교차 네트워크 효과를 누리려면 누구라도 해당 플랫폼 사업자에게 의존해야 할 텐데 말이다.

낙관주의를 취하는 근거는 플랫폼 사업자 자체가 명시적으로 책임성, 개방성과 같은 가치를 추구한다는 데서 온다. "사악해지지 말자(don't be evil)"라는 구호를 내걸고, 사용자에게 불리한 방식으로 데이터를 활용하지 않도록 검색 엔진을 구성한 구글, 과거처럼 계속해

---

[8] 이광석, 『피지털 커먼즈』(갈무리, 2021), 78~93쪽. 이광석은 『자본론』에서 아이디어를 얻어 플랫폼이 21세기 초의 인클로저 운동을 일으켰다고 말한다.

[9] 이승훈, 같은 책, 67~76쪽. 자신의 본질가치를 추구하지 않는 플랫폼은 소비자의 반발을 사 결국 외면받게 된다고 이승훈은 말한다.

서 무료로 이용할 수 있도록 개방 상태를 유지하고 있는 여러 SNS. 그러나 이들은 얼마든지 태도를 바꿀 수 있다. 앱스토어에서 인앱 결제[10]를 사실상 의무화한 구글, 사용 자체를 유료화하려 시도했던 트위터. 교차 네트워크 효과의 극대화라는 플랫폼의 기본 덕목과 배치되는 이런 식의 결정은 사업성이 악화되었을 때 사업주가 빠질 수 있는 조바심 이상의 근본 구조를 드러낸다. 대체 불가능한 독과점 사업자가 내놓는 약속은, 이들을 일정한 방향으로 강제할 충분한 힘 없이는 결국 사탕발림에 불과할 것이다.

거품과 사탕발림 너머

힘? 그런데 어떤 힘인가? 독과점 사업자에게 시장의 힘은 작용하지 않을 것이다. 판 사이의 경쟁이 끝난 상황이 곧 독과점이니 그렇다. 독과점 플랫폼이 일단 성

---

[10] 유료 앱이 구글 자체의 결제 시스템을 사용하도록 하는 것. 이를 통해 앱 거래에 수수료를 쉽게 부과할 수 있다. 이로 인해 앱 가격이 상승하는 문제로 인해 갈등이 지속되고 있다. 2022년까지의 경과는 다음을 참조. 「'구글 완승'으로 끝난 인앱결제 갈등 1라운드…… 반격 준비하는 방통위」,《한국경제신문》, 2022년 6월 2일.

립했다면, 이 사업자는 시장 경쟁 바깥의 힘에 의해서만 행동을 바꿀 것이다.

오래된 플랫폼 사업자인 철도는 바로 이런 점에서 범람하는 IT 기반 플랫폼의 미래를 점검할 시금석이다. 철도역의 플랫폼은 열차 운행 사업자와 승객이 만나는 판이자 국가의 제도, 일상인들의 평판, 정치적 개입과 같은 시장 외부의 힘들에 의해 지지되는 판이다.

철도라는 판은 20세기 초중반까지는 시장의 기업에 의해 건설되었다. 철도사 초기 100년을 보면 철도는 건설할 때는 시중 유동 자금의 투기판이었고, 완성되고 나면 문어발식 사업 확장을 벌일 기반이었다. 인간이 역 근처, 즉 도시에서 할 수 있는 모든 사업을 철도 기업은 시도해 보았다. 오늘의 아마존이나 카카오같이 인간의 생활 공간 전체를 장악할 수 있는 역량을 한때 철도 기업은 가지고 있었다. 교외에는 주택을, 도심부 종착역에는 백화점과 여가 시설을 짓고 그 사이를 철길로 연결하는 미국식 인터어반(interurban) 모형에서 철도 기업은 문자 그대로 '삶의 방식'을 팔았다.

이것이 플랫폼을 보유한 독점 기업의 힘이다. 기존 도시의 과밀 문제를 완화하면서, 동시에 도심이 가

전현우

진 집적의 이익은 계속 누릴 수 돕는 네트워크의 힘. 그러나 철도 사업자는 네트워크를 만들기 위해 땅을 수탈하고, 자신의 이익을 극대화하기 위해 사람들의 삶 전체를 변형했다. 19세기인이 보기에 철도망은 기업과 국가의 이익을 위한 수탈의 도구이기도 했다. 철도 주변 토지를 거의 무상으로 받고, 이에 저항하는 주변 주민들을 짓밟는 과정이 미국에서 조선까지 거의 모든 철도변에서 일어난 현실이었다.[11]

한편 21세기인이 보기에 철도망은 기후위기 시대 탄소 배출의 주범인 자동차가 만들어 내는 과도한 비용을 억제할 수 있는 수단이다. 단위 수송량당 탄소 배출량이 극히 적은 데다, 걷기 등 차량 없이 이루어지는 개인의 이동을 장려할 수 있어 자연스레 도시의 활기를 높이는 수단이기 때문이다.[12] 이 철도망에서 사회가

---

[11] 열차가 달려오는 가운데 침목처럼 레일 아래에 누워 있는 사람들을 그린 19세기 미국의 한 만평은 당시 철도 자본의 수탈이 어떤 수준이었는지 증언한다.("The Grange Awakening the Sleepers", 1873) 한국철도 초기 건설의 폭압적 상황은 정재정, 『일제침략과 한국철도』(서울대학교출판문화원, 2013), 169~370쪽을 확인하라.
[12] 전현우, 『납치된 도시에서 길찾기』(민음사, 2022), 171~200쪽 참조.

얻을 수 있는 이익은 네트워크 효과에 의존하고, 이 효과는 망이 클수록 커진다. 노선이 많을수록 열차로 갈 수 있는 곳도 늘어나니까. 그런데 이들 노선을 환승하기 쉽게 만들려면 모든 노선을 하나의 사업자가 운영하는 것이 가장 좋다. 이처럼 사업자가 하나일 때 효율이 극대화되는 상황을 자연독점(natural monopoly)이라고 한다.[13] 망을 하나의 사업자로 통합하면 이용자로서는 두 사업자의 망을 환승할 때 생기는 거래 비용을 줄이는 데 도움이 되고, 공급자로서는 중복 투자를 방지하여 효율을 높이는 데 도움이 된다. 망 산업은 설비 규모가 큰 만큼 규모의 경제도 성립한다.[14] 철도는 이 모든 것을 확인할 수 있는 산업이다.

자연독점 사업자가 자신의 힘을 남용하는 것은 너무나 쉬운 일이다. 이를 견제하기 위해서는 결국 국가

---

[13] 존 스튜어트 밀이 처음 쓴 표현으로 알려져 있다. 양면시장 연구로 노벨경제학상을 수상한 장 티롤의 초기 연구 역시 자연독점 상황에서 국가의 규제를 효과적으로 집행하는 방법과 관련된 모형 연구였다.
[14] 설비비처럼 고정비용의 비율이 높아, 설비 이용율이 높아질수록 산출물 단위당 평균 비용이 낮아지는 상황. 예를 들어 철도는 초기 투자비는 크고 에너지 등의 변동 비용은 작으므로 노선의 이용 밀도가 올라갈수록 1명을 1km 수송하는 데 들어가는 평균 비용이 낮아진다.

와 시민사회의 힘이 필요했다는 것이 역사의 또 다른 교훈이다.[15] 외부의 힘이 개입하지 않는다면 철도 사업자는 요금을 마음대로 설정하고, 노동을 착취하며, 문어발식 사업 확장으로 도시와 연관 산업을 자신의 이익을 위해 변형할 것이다. 철도를 수탈의 도구로 본 19세기인의 시각은 망각되어서는 안 될 진실을 담고 있는 셈이다. 이 진실은 오늘날 IT 플랫폼을 그대로 방치해서는 안 되며, IT 공룡 역시 따라야 할 공동선을 찾아야 한다는 요구로 번역할 수 있다.

카카오, 쿠팡, 배달의민족과 같은 플랫폼 사업자들은 독점의 올가미로 오늘날 한국인의 관심을 장악하고 있다. 어느 플랫폼이 더 싼지 확인하기 위해 부지런히 움직이는 손가락들. 나 역시 열차를 기다리는 플랫폼 위 동료 시민들과 나란히 서서 이렇게 손가락을 놀린다. 그렇지만 이것만으로는 부족하다. 자신의 삶과 생활을 더욱 풍성하게 만들기 위해 탐색하는 이 판은 어떻게 하면 미래에도 나와 동료 시민들의 생활을 풍성하게 만들 수 있을까? 열차를 기다리는 플랫폼은 생각

[15] Khan, Lina, "Amazon's Antitrust Paradox," *The Yale Law Journal* Vol.127 no.3(2017), pp.797~798.

을 여는 디딤돌이 된다. 철도는 기후위기 시대에도 이동에서 얻을 수 있는 가치를 놓치고 싶지 않은 사람이 택할 이동 수단이기 때문이다. 플랫폼 위 시민들의 손위에 범람하는 IT 플랫폼 역시 이런 균형 속에 있는지 성찰해야 할 대상이다. 플랫폼이 연 해방의 기회를 우리의 삶을 위해 사용할 길을 낙관도 비관도 없이 찾기 위해 머리를 맞댈 시간이다.

플랫폼들의 갈라치는 시공간

김민호

김민호　　　서울대에서 법학을 전공했으며, 동대학 철학과에서 데카르트의 『정념론』으로 석사 논문을 썼다. 현재 파리8대학 산하 철학의 현대적 논리 연구소(LLCP)에서 샤를 라몽의 지도 아래 『그라마톨로지』 이전부터 유령론 너머까지 이어지는 데리다 사유의 전개를 주제로 박사 논문을 작성하고 있다.

[주요어] #멀티태스킹 #하이퍼텍스트 #차이

[분류] 서양철학 > 프랑스현대철학

"만나는 것은 두 타자,
두 부분, 두 세계다.
이제 이런 세계들의 교차가
따라잡을 수 없을 만큼 실시간으로
수행되고 있는 것이다."

근래 플랫폼이라는 기호의 쇄도는 감당할 수 없을 정도다. 한때 '언어'나 '구조'라는 용어가 모든 영역에서 마치 만능 열쇠인 양 유통됐던 것처럼 플랫폼이라는 용어 역시 그런 상황에 처해 있다. 민원 플랫폼, 쇼핑 플랫폼, 배달 플랫폼, 소셜 미디어 플랫폼부터 플랫폼 사업, 플랫폼 노동, 플랫폼 경제, 플랫폼 자본주의에 이르기까지 거의 모든 것이 플랫폼이라는 개념을 거쳐 재발명되고 있다. 그러나 이는 플랫폼이라는 개념의 유용성을 즉각적으로 증명하지 않는다. 그렇기는커녕 사정은 정반대로, 이런 범람은 바로 해당 용어가 무가치한 것이 되었음을 증언한다. 플랫폼이라는 말로 우리는 과연 무엇을 말하고 싶은 걸까? 그것은 모호해서 오히려 확장력이 있는 것일까? 요컨대 그것은 아무 내용이 없기 때문에 오히려 아무것이나 될 수 있는 것일까?

　그 개념적 불명료와는 무관하게 우리는 시시각각 이 플랫폼에서 저 플랫폼으로 옮아가고 또 옮긴다. 이 플랫폼에서의 우리와 저 플랫폼에서의 우리는 다르게 연출된다. 이것이 은밀히 가르쳐 주는 바는 플랫폼이라는 주제를 즉시 증식시켜 플랫폼'들'이라는 복수성의 꼴로 사고해야 한다는 사실이다. 플랫폼이라는 관념이 그토록 광범하게 활용되면서도 신기루처럼 지워지고 사라지고 물러나는 것은 우리가 그것을 처음부터 다수성에서 출발해서 사유하지 않기 때문이다. 플랫폼이란 무엇인지 묻기보다는 플랫폼들 사이에서 무슨 일이 벌어지고 있는지 물어야 한다. 모든 것에 앞서 진지하게 사고해야 할 것은 플랫폼들의 복수성이고 그것들 사이의 시차다.

　　　　　김민호

플랫폼들의 크로노그래프(chronographe): 찢어지는 시간들

나는 어느 날 술집에 앉아 피부 위에 군청색 도장 자국이 선연한 돼지 한 조각을 젓가락으로 뒤지고 있었다. 이 부위는 슬펐던 적이 있는가 없는가, 이런 따위 생각을 하자니, 나에게는 '나'라고 불러 줄 부위가 하나도 없었다. 인간은 시시각각 절멸하는 존재였던 것이다.[1]

우리의 자아는 플랫폼들 사이에서, 어떤 플랫폼들에 주요하게 스스로를 귀속시키느냐에 따라 다르게 규정된다. 나의 태세는 세가의 새턴 플랫폼, 닌텐도의 스위치 플랫폼, 마이크로소프트의 엑스박스 플랫폼 중 어느 것의 앞에 앉아 있느냐에 따라 완전히 달라진다. 이렇게 본다면 공동체·다발로서의 자아나 스키조프레니아[2] 같은 관념은 현학적인 객설이 아니라 적실한 체

---

[1] 조연호, 『행복한 난청』(난다, 2022).
[2] 현대인을 스키조 키즈(분열증적 인간)로 규정하려는 들뢰즈적 시도의 사례로는 아사다 아키라, 문아영 옮김, 『도주론』(민음사, 1999)을 보라.

험이다. 스키조프레니아 개념이 무겁다면 이를 멀티태스킹이라는 간단한 개념으로 치환해 볼 수 있을 것이다. 다만 이제 멀티태스킹의 유희는 단순히 이 주제·기호·대상·사이트에서 저 주제·기호·대상·사이트로의, 혹은 이 프로그램에서 저 프로그램으로의 미끄러짐으로 소묘되지 않는다. 그런 미끄러짐에는 순일하고 주권적인 사용자(user)라는 관념이 아직 잔존하는 데 비해 플랫폼들 사이의 미끄러짐에서 변경되는 것은 사용자 자신의 리듬으로, 종국에는 그런 식의 사용자 관념 자체가 와해되기 때문이다. 자아는 이 플랫폼과 저 플랫폼 사이에서 매번 새롭게 발명되며, 플랫폼 고유의 리듬에 따라 스스로의 리듬을 변경해야 한다. '나'가 이미 복수적인('multi') 사무('task')다.

쇼츠나 릴스의 가쁜 호흡에 익숙해진 사람은 롱테이크가 많은 영화를 느긋하게 감상하는 데 곤란함을 겪고, 세 줄 요약에 익숙해진 사람은 장문을 읽어 내지 못한다. 이런 정황은 흔히 지구력의 결핍이나 긴 호흡을 견뎌 내지 못하는 개개인의 초조함으로 진단되곤 하지만, 길고 짧음에 입각한 이런 진단은 사태의 복잡성, 더 정확히는 복수성을 개인의 역량 부족으로 치환한다. 관건은 단순한 장단이 아니라 상이한 호흡들의 공존이다. 무언가가 그저 길기 때문에만 힘든 것이 아니다. 일본 만화에 젖은 사람이 DC코믹스에 진입하는 데 어려움을 겪고 그 역도 마찬가지라면, 프랑스 철학에 익숙한 독자가 독일이나 영미 철학 텍스트에 진입하는 데 어려움을 겪고 그 역도 마찬가지라면, 이는 그것들이 서로 전혀 다른 리듬으로 전개되기 때문이다.

어느 한 플랫폼의 특정한 콘텐츠가 아니라 잠재적으로 언제나 쇄도하는 플랫폼'들'이 우리를 독촉하며, 우리의 시간은 그것들 사이에서 분열되고 있다. 리듬들 사이를 항해하기 위해서는 언제든 스스로의 시간성을 바꿀 채비를 하고 있어야 한다. 실로 피곤한 것은 긴 호흡 자체라기보다는 이 채비에 기울이는 상시적 노력이다. 역으로 이제 필수적인 문해력('디지털 리터러시')이란 긴 텍스트를 읽어 내는 능력 같은 것이 아니라 파편적이거나 체계적인 이 다중의 리듬과 호흡들에, 서로 다른 '시간들'에 적절하게 자신을 동기화시킬 수 있는 능력일 것이다.

플랫폼들의 파노로그라프 (panorographe)[3]: 평면화된 공간들

'책의 종말' 이후에, 투명하고 직접적인 음성 언어가 강림하는 것이 아닙니다. 오히려 텍스트의 다른 구조들이, 텔레-에크리튀르의 다른 구조들이 도입되는 것이죠. …… 저는 이미지, 텔레비전, 텔레커뮤니케이션, 컴퓨터 등 새로운 기록 기술들의 전개에 저항해서는 '안 된다'고 믿습니다. …… 저기에 …… 기록 저장 장치가 있다고 말하면서, 공간에 아무런 변화를 주지 않고 아무렇지도 않게 예전처럼 말하기를 계속해서는 안 됩니다. …… 법칙들을 바꿔야 합니다."[4]

플랫폼들은 명멸한다. 원전의 종교적·문화사적 가치가 증명하듯 책의 발명이 이미 거대한 플랫폼의 발명이었다. 추악한 이전투구도 그 위에서 벌어졌고, 거기에 상응하는 기념비적인 아름다움도 그 위에서 축조됐다.

[3] 풍광을 하나의 평면에 투사하는 장치.
[4] Jacques Derrida, *Penser à ne pas voir*(Éd. de la Différence, 2013), p.311.

김민호

그리고 데리다는 『그라마톨로지』에서 '책의 종말'을 선언하면서, 우리가 정말이지 쓰기 시작했기 때문에, 다른 식으로 쓰기 시작했기 때문에, 이제까지와는 다른 식으로 다시 읽어야 한다고 쓴다. '총괄적 체계를 지향하는 단위'로서의 책은 제 영토를 상실했다. 그리고 책이 관할하는 영토가 없다면 일관된 체계의 창조주로서의 저자가 앉을 왕좌 역시 없다. 끊임없이 외부를 조회하는 하이퍼텍스트(hypertext)와 더불어 잠재적 가능성에 불과했던 비선형적 글쓰기(écriture)가, 따라서 비선형적 읽기가 일상적으로 실현됐다. 총괄적 체계 속으로 회집되지 않는 파편들이 한꺼번에 제공되는 그물망 속에서 우리는 더 이상 선형적으로 쓰지 않고 선형적으로 읽지 않는다. 우리는 더 이상 텍스트에 체계적 일관성을 기대하지 않는다. 분석은 단편적 감상들로 대체되고 종합은 감상들의 병렬로 갈음되며 단문은 단순한 미감이나 취향을 넘어서 시대의 미덕이 된다. 이것은 우리 개개인의 무능력이 아니라 세계라는 관념 자체의 갱신과 결부되어 있다. 세계는 조물주라는 저자가 쓴 체계적이고 일관된 책이 아니라 본질적으로 산만한 글의 파편들로 표상된다.

'층차를 둔 평평한 단'을 뜻하는 플랫폼은 총괄의 불가능성에도 불구하고 어쨌거나 써야 한다는 에크리튀르의 윤리를 삶의 공간에 도입한다. 플랫폼+플랫폼+플랫폼+……으로, 즉 균질하지 않은 공간'들'로 분절된 세계 속에서도 어쨌든 우리는 계속해서 살아가야 한다. 플랫폼들은 이런 식으로 공간감 자체를 재편하는데, 특히 저마다 엄청난 속도를 통해 원근감을 삭제하면서 그렇게 한다.

원근의 삭제는 플랫폼의 이상이다. 원근이란 순정하고 객관적인 3차원 공간으로 환원되지 않는 관점적 체험의 심도로, 나와의 상호 작용 가능성의 질서를 표상한다. 나는 멀리 있는 막대한 태양을 내 눈앞의 조그만 나무보다 더 큰 것으로 체험할 수 없다. 이것은 내가 2미터 앞의 나무와는 금방 충돌할 수 있지만, 1495억 9787만 700미터 떨어져 있는 태양과는 쉽게 그럴 수 없다는 것을 뜻한다. 각종 플랫폼들은 태양을 손바닥 위에 가져다주는 걸 목표로 삼는다. '마켓컬리' 광고가 주장하는 것처럼 우리집의 식탁이 곧 이탈리안 레스토랑이고 초밥집이며 프렌치 다이닝이다. 그런가 하면 '버블'이 제공하는 것은 직접적인 친근함의 가상이다.

김민호

아이돌은 더 이상 범접할 수 없는 아우라를 지닌 우상 (idol)이 아니다. 이것은 '로켓배송'의 우주론이다. 지금 당장 모든 것이 나에게 도착하는 우주. 우리는 명멸하는 플랫폼들의 성좌——별들을 그 원근을 잊어버리고 하나의 평면에 투사함으로써 확보되는——속에서 살아가는 것이다.

이는 결국 하이데거가 말하는 '거리 제거(Ent-fer-nung)'의 전면화에 다름없고, 그래서 거리의 복권을 꿈꿔야 할까? 그렇지 않다. 이미 말한 것처럼 사유해야 하는 것은 플랫폼들의 다수성이기 때문이다. 원근의 삭제는 관점의 삭제로, 오히려 공간들을 평등하게 만드는 만큼 무차별하게 만든다. 원근감을 잃은 평면적 공간들은 아무렇게나 기운 패치워크로 전화한다. 플랫폼들은 상대적으로만 안정화된, 완전히 닫혀 있지도 완전히 열려 있지도 않은 그만큼의 세계들로 어느 하나가 다른 것에 대해 우월함을 주장할 수 없다. 따라서 상대화되어야 하는 것은 거리 제거라는 관념 자체다. 여러 시간'들'에 상응해서 사유해야 하는 것은 플랫폼들 사이의 이격을 통해서 체험되는 다른 공간성이다. 한편에는 코기타티오·사용자·자아를 두고 맞은편에는 코기

타룸·대상·세계를 두는 고전적인 상관관계에 으레 수반되는 간극 내지 원근의 감각은 이 공간성을 사고하는 데 적절하지 않은 범주다.

따라서 "세계는 슬프지 않고, 세계는 크다."[5] 세계는 왜 슬프지 않고 큰가? 세계를 총괄하는 일관된 논리가 존재하지 않기 때문이다. 그래서 우리 각자의 슬픔은 서로 호환 불가능하고 무관한 것이 되고 결과적으로 세계는 슬프지 않은 것이 된다. "(너에게) 좋게 생각되는 것은 (우리에게) 나쁘며, 나쁘다는 생각은 그것과 반대되는 것에 정당하지 못하기 때문에, 분명하게 더욱 올바를수록 올바르게 그것은 더욱 나빠지고 있다."[6] 간단하게 세계라고만 말했지만, 실은 그릇된 표현이다. 하나로 일관되게 묶일 수 있는 전체로서의 세계가 존재하지 않는다는 것이야말로 세계가 크다는 말의 기본적 의미이기 때문이다. 세계가 존재한다기보다는 세계들이 존재하며, 그것들 사이의 이격이 존재한다.

[5] 정지돈, 『내가 싸우듯이』(문학과지성사, 2016), 150쪽.
[6] 조연호, 『농경시』(문예중앙, 2010).

어느 방향(sens)이지, 어느 방향인가요? 앨리스는 묻는다. 이 물음에는 답이 없다. 왜냐하면 의미(sens)의 고유성은 향방(direction)이 없다는 데에, '제대로 된 방향(bon sens)'이 없다는 데에 있기 때문이다.[7]

세계들 사이의 이격에 상응하는 주관의 형상은 여행자다. 여행자는 이상한 나라들의 앨리스다. 여행자는 이 세계에 속해 있는 만큼 저 세계에도 속해 있고, 이 세계를 떠나는 만큼 저 세계에 대해서도 이방인이다. 여행자는 일방적 수입자도 아니고 일방적 수출자도 아니다. 그는 세계들을 중첩시키는 동시에 파편화시키며, 동일자와 타자나 전체와 부분 사이에서가 아니라 이질성들 사이에서 가교를 놓는다.

이질성들은 일방적 비대칭의 관계인 동일자-타자나 전체-부분과 달리 두 비대칭 사이의 대칭을 통해 만난다. 예컨대 구한말 외교사의 우여곡절은 그것이 선비

[7] Gilles Deleuze, *Logique du sens*(Éd. de Minuit, 1969), p.95.

와 양이의 만남인 동시에 서구 문명인과 황색 야만인의 만남이었다는 데서 비롯된다.[8] 즉 그것은 동일자인 선비가 양이(洋夷)라는 타자를 만나는 것이나 동일자인 서구 문명인이 황색 야만인이라는 타자를 만나는 것 중 어느 하나로 환원되지 않고 동시에 둘 모두다. 이 두 비대칭을 한꺼번에 헤아리지 않는다면 당대의 역사를 온당하게 이해할 수 없다. 만나는 것은 두 타자, 두 부분, 두 세계다. 그리고 이제 이런 세계들의 교차가 따라잡을 수 없을 만큼 실시간으로 수행되고 있는 것이다.

구글, 페이스북, 트위터, 아마존 중 어느 것도 인터넷 전체가 아니고 그것들을 모두 합쳐도 인터넷 전체가 되지 않으며, 무엇보다도 원리적으로 그런 총괄적 전체는 불가능하다는 관점. 여행자는 이런 복수적 파편성을 자신의 존재론으로 채택하는 사람이다. 비평의 언어에서 하이퍼텍스트가 낡은 관념이 되어 버린 것은 그것이 유효하지 않기 때문이 아니라 새삼스레 언급할 필요도 없을 만큼 당연해졌기 때문이라는 것을 상기할 필요가 있는데, 그런 당연함 속에서 우리가 놓치고 있는 것은

[8] 김용구, 『세계관 충돌과 한말 외교사, 1866-1882』(문학과지성사, 2004).

김민호

비선형성 그리고 그에 수반되는 파편성의 가치이기 때문이다.

잃어버린 안온한 전체를 희구하는 노스탤지어는 저것들을 손쉽게 힐난하지만, 있을 수 있는 오해와는 달리 이런 존재론이 실은 그 어느 때보다도 소중하다. 왜냐하면 다른 서비스들과 연동되는 플러그인 체계를 구축한 챗지피티와 외부로 향하는 아웃바운드 링크의 노출 빈도를 줄이는 알고리즘을 채택하고 있는 페이스북이 각자의 방식으로 보여 주듯 플랫폼 각각의 근원적 욕망은 유일하고 독점적인 전체, 즉 단 하나의 세계가 되려는 데 있기 때문이다. 세계에 맞서 세계들을 고집해야 한다.

알고리즘을 대하는 자세

김유민

김유민   건국대 철학과 학사, 서울시립대 철학과 석사 및 박사수료를 거쳐 현재 네브라스카 주립대-링컨에서 철학과 박사과정에 재학 중이다. 디지털 중심 사회에서 윤리적 삶은 무엇인가라는 문제의식을 바탕으로 윤리학, 정보철학, 기술철학을 주로 연구한다.

[주요어] #알고리즘 #추천시스템 #간섭
[분류] 정보철학 > 정보윤리학

"인공지능이 우리의 충실한
조력자가 될 것이라는
전문가들의 막연한 기대는 무책임하지만,
인공지능이 불러올 디스토피아적 미래상이
두려워 인공지능 개발과 활용을
막는 것은 태만하다."

노트북이나 핸드폰을 사면 나는 새 장난감이 생긴 기쁨을 누리기도 전에 일단 자동으로 활성화된 내 위치 정보 공유, 내 활동 정보 공유, 음성 인식 데이터 정보 공유부터 끄기 시작한다. 인공지능을 기반으로 하는 추천 시스템을 마주할 때는 특히 유난해진다. 마치 내 정보가 공유당하는 것에 결벽증이 있는 것처럼, 웹사이트의 설정 페이지를 샅샅이 훑어 나의 검색 기록, 방문 기록 등을 저장 및 공유하는 버튼을 찾아서 꺼야 마음이 편해진다. 인스타그램, 트위터, 유튜브 같은 온라인 플랫폼이나 디지털 기기 사용을 포기하고 싶지 않은 마음과 나의 무형의 삶이 유형의 데이터로 박제되고 그것이 재가공되어 내 삶에 개입하는 것을 피하고 싶은 마음 간의 타협인 셈이다.

유튜브의 댓글 창에서는 "알고리즘 타고 왔어요"라는 말을 쉽게 찾아볼 수 있다. 온라인 플랫폼에는 인공지능 기술이 사용되고, 사람들은 이를 적극적으로 활용하는 것에 거부감이 없어 보인다. 또 다른 한편에는 인공지능이 우리를 지배할지도 모른다는 우려 섞인 목소리가 있다. 나는 우리와 인공지능이 맺어야 할 규범적 관계는 지나친 우려와 지나친 낙관 사이 어딘가에 있을 거라고 생각한다. 인공지능이 우리의 충실한 조력자가 될 것이라는 전문가들의 막연한 기대는 무책임하지만, 인공지능이 불러올 디스토피아적 미래상이 두려워 인공지능 개발과 활용을 막는 것은 태만하다.

이 글은 루치아노 플로리디의 정보철학에 기대어 인간과 인공지능이 공존하는 세계상을 그려 보고, 그의 철학을 비판적으로 검토하며 인간과 인공지능 사이의 규범적 관계를 탐구한다. 나는 인간이 인공지능 기술을 사용할 때 이루어지는 의사 결정의 양도가 가치 판단의 양도를 함축할 가능성이 있음을 주지해야 한다고 주장한다.

김유민

인간, 메일, 인스타그램 게시물은 모두 정보 존재자다

루치아노 플로리디는 정보통신 기술의 발달을 적극적으로 옹호하고, 인간과 세계를 정보의 관점에서 재해석해야 한다고 주장하는 대표적인 철학자이다. 플로리디는 현대 정보통신의 발달이 인간에게 미치는 영향력의 크기를 문명사적 전환의 수준으로, 즉 '정보 전환'으로 이해한다.[1] 그에 따르면 인간의 지성사에는 급진적 전환이 세 번 있었다. 첫째, 인간이 우주의 중심이 아니라는 코페르니쿠스적 전환, 둘째, 인간이 모든 생명체의 중심이 아니라는 다윈적 전환, 셋째, 인간의 이성이 투명하고 고정적인 것이 아니라는 프로이트적 전환. 그리고 그는 네 번째 전환은 인간이 자신을 정보 존재자(informational entity)라고 인식하는 정보 전환이라고 명명한다. 정보 전환과 정보 존재자의 의미를 이해하기 위해서는 그가 전제하고 있는 인식론적 방법론을 살펴볼 필요가 있다.

[1] Luciano Floridi, *The Ethics of Information*(Oxford University Press, 2013), p.14.

플로리디는 세계를 관찰하고 이해하는 방법으로 추상화 방법론(the method of levels of abstraction)을 제시한다. 인간을 세계의 중심에 두고 다른 생명과 세계를 이해하는 것이 아니라, 모든 생명과 사물을 정보의 관점에서 포착하는 것이다. 추상화 방법론은 먼저 특정한 추상화 층위를 구체적인 목적에 따라 설정한다. 그리고 그 목적에 부합하는 속성들을 해당 층위의 구성 요소로 두고, 그 속성들을 세상을 이해하는 인터페이스로 사용한다. 예를 들어 어떤 와인 애호가가 '와인 보관'을 중심으로 세계를 경험하고 싶어 한다고 해 보자. 그는 자신에게 주어지는 정보들을 무작정 습득하지 않고 평균 보관 온도, 보관 기관, 보관 장소, 와인별 적정 온도와 같은 특정 속성들을 기준으로 삼아 선별해, 이 속성들과 직간접적으로 관련 있는 정보들만 추상화시켜 받아들일 것이다. 즉 와인 애호가는 와인 보관이라는 목적에 부합하는 속성을 인터페이스 삼아 세상을 만나고 이해한다.

플로리디가 사용하는 정보 존재자와 정보 전환 개념들은 정보 추상화 층위에서 세계를 이해하는 전략에 기초한다. 정보 추상화 층위는 세계를 정보와 직간접적

김유민

으로 관련된 속성으로 이해하는 추상화 층위다. 이 층위에서는 인간의 관점에서 인간과 동물, 인간과 사물이라는 식으로 대비시켜서 세계를 이해하는 것이 아니라 사람, 동물, 사물 등 모든 존재를 정보 측면에서 인식한다.

이렇게 정보 추상화 층위에서 인식된 모든 존재는 정보 존재자라는 점에서 평등하다. 일상적으로는 인간과 이메일이 같은 범주에 속하는 존재자로 구분되기 어려울 것이다. 무엇보다 인간은 생명체이지만 이메일은 생명체가 아니기 때문이다. 하지만 정보 추상화 층위에서는 인간, 이메일, 인스타그램 게시물, 유튜브 영상과 같은 모든 것들이 정보 존재자로 이해될 수 있다. 인간이나 온라인 게시물이나 모두 정보라는 최소한의 공통적인 성질을 가지고 있고, 그 정보와 관련된 속성으로 나머지 것들은 환원되어 이해되기 때문이다. 다만 인간은 다른 정보 존재자와 세계에 지대한 영향력을 행사할 수 있는 복잡한 정보 존재자이고, 단순히 비트로 이루어진 이메일이나 웹 게시물은 정보 세계에 대해 미미한 영향력을 가진 정보 존재자라는 차이가 있다. 그럼에도 정보 추상화 층위에서는 인간, 동물, 식물, 사물, 온라인 게시물 등 모든 것들이 정보 존재자라는 점에서 평등하다.

정보 세계에서 존재는 곧 좋음

플로리디는 정보 추상화 층위를 통해 모든 존재들이 정보 존재자로서 평등하게 공존하는 세계를 그려 냈다. 정보 존재자 개념은 길거리의 표지판과 신호등, SNS의 글과 이미지들, 스마트워치의 생체 정보, 생성형 인공지능이 만들어 내는 글에 이르기까지 수많은 정보의 생산자이자 소비자로 살아가는 삶의 역동을 총체적으로 포착한다. 이러한 정보 세계에서 정보 존재자들 사이의 규범적 관계는 모든 정보 존재자가 내재적인 도덕 가치를 가졌다는 점에 기반한다. 그는 모든 정보 존재자는 존재한다는 바로 그 이유로 내재적인 도덕 가치를 갖는다고 주장한다. 즉 존재함이 곧 윤리적 좋음이기 때문에, 존재자의 내적 성질이나 어떤 정신적 상태와 무관하게 존재 자체를 더욱 번영시킬 수 있다면 그것이 바로 윤리적으로 좋은 행동이다.

따라서 정보 세계의 번영은 정보 존재자가 완전히 삭제되어서 존재하지 않게 되는 '붕괴'나 손상도가 너무 심해서 정보의 존재성이 손실되는 '파괴'가 일어나지 않는 경우를 일컫는다. 예를 들어 어떤 바이러스가 프로그램 서버에 저장된 데이터 일체를 오염시키고 그 데이터를 활용 불가능하게 만들었다면 이는 정보 존재자의 '붕괴'이고 정보 세계의 번영을 훼손한 비윤리적인 행동이다. 인간은 정보 세계를 설계하고 관리할 수 있는 역량을 가졌다는 점에서 정보 세계를 돌보고 번영시킬 책임을 갖는다.

정보 세계의 번영을 윤리적 좋음으로 설명하는 것은 인공지능을 선두로 하는 정보통신기술의 번영이 인간 삶의 번영을 조력할 것이라는 입장의 철학적 근거가 된다. "글쓰기를 제일 잘하는 저자는 챗지피티도 인간도 아닌 챗지피티를 통찰력 있게 사용하는 인간"이라는 플로리디의 주장은[2] 그의 정보윤리학이 지향하는 규범 질서는 정보통신 기술의 활용을 바탕으로 정보 세계 자체를 번영시키는 것이라는 해석을 뒷받침한다. 이는 정보통신 기술이 인간의 내적 성질에 미치는 영향력

[2] Luciano Floridi, "AI as Agency Without Intelligence: On ChatGPT, Large Language Models, and Other Generative Models," *Philosophy and Technology* 36(2023).

과는 무관하다.

이처럼 플로리디는 특정 종에 치우치지 않은 방식으로 정보 세계의 규범 질서를 구성한다. 그런데 이러한 인공지능 발달에 대한 지나친 낙관과 지나친 두려움 사이의 균형점을 제공하지 못한다. 구체적이고 실질적으로 세계의 번영이 무엇인지 이해하는 것을 방해할 뿐 아니라 정보 기술 발달의 맹목적인 낙관론으로 이어지기 때문이다.

알고리즘 기반 추천 시스템은 과연 윤리적으로 좋을까?

글의 서두에서 언급한 플랫폼의 알고리즘 기반 추천 시스템을 플로리디의 관점에서 다시 한번 생각해 보자. 추천 시스템은 추천하는 자와 추천받은 사용자 간의 더욱 강력하고 지속적인 연결을 목적으로 한다. 만약 어떤 추천 시스템이 사용자의 플랫폼 사용 시간을 증가시키고, 이를 통해 더 많은 사용 데이터를 형성하고, 더 많은 사용 데이터를 바탕으로 알고리즘이 더욱 정교해져서 또다시 더 많은 사용자를 유입시켰다고 해 보자.

플로리디의 정보적 관점을 이 예시에 적용하면, 정보 존재자(해당 플랫폼)가 다른 정보 존재자와의 연결을 강화하고 다른 데이터의 존재를 생산·확장했다는 점에서 이는 정보 세계를 번영시킨 윤리적으로 좋은 사례이다.

그러나 추천 시스템이 반영된 온라인 플랫폼을 지나치게 많은 시간 사용하는 것이 여러 사회적 문제와 정신 건강 문제를 야기한다는 것은 이미 널리 알려진 사실이다. 2021년 메타는 청소년이 인스타그램을 사용하는 것이 그들의 정신 건강을 위협한다는 사내 연구 결과를 은폐해 크게 질타받았다.[3] 컴퓨터 과학자 재런 러니어는 실리콘밸리에서 가상현실 기술 발달을 주도해 왔지만, SNS의 알고리즘이 개인의 행동을 은밀하게 간섭하고(manipulation) 결과적으로 불안과 우울을 유발한다는 점을 강조하며 SNS의 사용을 중단해야 한다고 주장한다.[4] 이처럼 그 목적에 맞게 실행되는 알

---

[3] 2021년 월스트리트 저널이 인스타그램이 청소년의 정신 건강을 위협한다는 사내 연구 결과를 메타가 은폐 및 축소한 사실을 폭로했다. Georgia Wells, Jeff Horwitz, & Deepa Seetharaman, "Facebook Knows Instagram Is Toxic for Teen Girls, Company Documents Show," *The Wall Street Journal*(2021. 9. 14.).
[4] Jaron Lanier, *Ten arguments for deleting your so-*

고리즘이 그 자체로 정보 존재자(인간)에게 부정적인 영향력을 행사하고 있다면, 이러한 상황을 윤리적으로 좋다고 평가하는 것은 불합리하다.

인간과 인공지능의 규범적 관계는 정보의 양과 질의 향상과 손상만이 아니라 행위자 내적 상태의 긍정적 또는 부정적 변화로도 포착되어야 한다. 인공지능과 인간의 상호작용은 추천 시스템처럼 인간의 정신 활동에, 궁극적으로 인간의 삶의 질에 직접적으로 간섭하기 때문이다.

의사 결정은 곧 가치 판단

그렇다면 다시, 어떻게 하면 지나친 낙관도 지나친 우려도 아닌 균형점에서 인공지능과 인간의 관계를 설정할 수 있을까? 나는 알고리즘의 사용이 우리의 의사 결정에 개입할 때, 의사 결정을 양도하거나 도움받는 것이 가치 판단에 대한 결정을 양도할 가능성을 함축한다는 사실에 주목하는 것이 한 가지 방법이라고 생각한다.

cial media accounts right now(Henry Holt and Company, 2018).

김유민

기존의 기술이 인간의 신체 편의성을 향상시키는 데 주력했다면 인공지능은 인간의 정신 편의성을 향상시키는 데 중점을 둔다. 의사 결정하기, 알기, 기억하기처럼 지능과 관련된 일을 나 대신 하게 한다. 이러한 지능 활동의 외주화는 인간이 입력하고 기계가 출력하는 일방향 관계가 아닌, 기계 또한 입력하고 인간에게 특정 출력을 기대하는 양방향 관계를 맺게 한다. 인공지능이 구현된 시스템은 사용자가 기술을 어떻게 이용할 것인지 결정하고 통제한다.

중요한 것은 알고리즘이 그러한 결정과 통제를 실행할 때, 그 결정과 통제가 필연적으로 어떤 기준을 필요로 한다는 점이다. 알고리즘은 언제나 특정한 규칙과 목표에 의해 작동하고 그 규칙과 목표는 알고리즘을 개발하는 의사 결정자들의 가치 판단에 따라, 데이터 주체의 가치 판단에 따라 편향된다. SNS의 추천 시스템의 경우 일반적으로 사용자의 플랫폼 사용 시간을 늘리는 것 또는 플랫폼에 게시되는 광고를 사용자가 선택하도록 유도하는 것을 알고리즘의 성공 목표로 삼는다. 이러한 목표는 기업과 개발자의 가치 판단의 결과이다.

"알고리즘 타고 왔어요"라고 말할 때 그 알고리즘

은 마치 편파적이지 않고 주관적 의도가 없는 것이라고 생각될 수 있다. 또는 나의 취향을 잘 분석하여 나에게 맞춤화된 결과라고 생각될 수도 있다. 그러나 사실 모든 알고리즘은 필연적으로 가치 편향되어 있고, 알고리즘 뒤에서 작동하는 의도는 '나'의 복지와는 무관하다. 지속적으로 특정 가치 판단이 전제된 의사 결정에 의존하는 것은 나의 정신 활동에 대한 통제와 자유를 의도치 않게 자발적으로 헌납하는 것일지도 모른다. 플랫폼에서 어떤 게시물을 보고 무엇을 살지 선택할 때 누군가의 가치 판단에 끊임없이 영향받고 있음을 지각하는 것은 인공지능의 도움을 받되 독립적인 정신 활동을 영위할 균형의 시작점일 것이다.

김유민

창작자의
정당한 몫 찾기

이두갑

이두갑　　　서울대학교 과학학과 교수. 과학기술과 자본주의, 혁신과 사회정의에 대한 연구와 교육을 하고 있다. The Recombinant University, 『아는 것이 돈이다』(공저) 등을 썼고 『자연 기계』(공역)를 옮겼다. 과학잡지 《에피》와 학술지 《과학기술과 사회》 편집위원이다.

[주요어] #플랫폼기업 #생성형AI #지식재산

[분류] 과학사 > 현대기술사

"사실 더욱 중요한 질문은
우리가 과연
텅 빈 유령 기계처럼 작동하는
인공지능의 창작물을
향유하고 싶은지가 아닐까?"

새해에 학생들과 함께 21세기 혁신의 본산 실리콘 밸리를 방문했다. 글로벌 혁신을 선도하는 대학과 기업에 가서 단순히 이들의 성공 요인을 배우려는 목적은 아니었다. 나의 문제의식은 그보다 명확했다. 바로 생명공학과 인공지능과 같은 최근의 과학기술 기반 혁신이 얼마나 사회를 풍요롭고 포용적이며 정의롭게 만들어 주고 있는지를 묻고자 한 것이다.

과학기술과 혁신, 사회정의라는 주제 아래 모인 우리는 한 대표적인 플랫폼 기업을 방문했다. 안내를 맡은 관계자는 이곳에서 곧 언어 모델에 기반한 생성형 AI 개발 계획을 발표해 인공지능 혁신의 선두에 다가갈 것이라 말했다. 또 플랫폼이 무엇보다 공동체의 일에 기대고 있음을 알고 있다며, 기업이 얻은 정보와 힘을 어떻게 관리하고 책임져야 하는지 본격적인 논의 중이라고 했다.

　내가 플랫폼이라는 혁신의 현장에 다녀온 시기 전 세계는 챗지피티를 필두로 한 생성형 AI 플랫폼의 파급에 크게 휘청거렸다. 챗지피티가 사용자의 질문과 요청에 실시간으로 응답하는 대화형 AI라면 달리(DALL·E), 미드저니(Midjourney), 파이어플라이(Firefly) 등은 문장 하나로 사용자가 원하는 화풍까지 구현한 이미지를 만들어 내는 기술이다. 그러나 원작자의 동의 없이 수십억 장이 넘는 이미지를 학습한 이 기술은 곧바로 큰 저항에 부딪쳤다. 2023년 1월 세 명의 예술가는 여러 생성형 AI 플랫폼을 상대로 집단 소송에 나섰고[1] 세계 최대의 이미지 제공 서비스사인 게티 역시 자신들의 지식재산이 침해되었다며 소송을 제기했다. 생성형 AI 플랫폼들이 인공지능을 학습시킬 때 자신들이 창작한 이미지를 무단으로 사용했으며 이렇게 생성된 이미지는 원작과 큰 차이가 없는 도용물이라는 주장이다.

[1]　Andersen et al v. Stability AI et al, Docket No.3:23-cv-00201(N.D. Cal. 2023. 1. 13.).

과연 창작자는 인공지능 화가를 상대로 자신이 한 일에 대해 정당하게 보상받을 수 있을까? 일련의 소송은 인공지능 혁신의 시대에 예술가의 저작권을 어떻게 지킬 것인가라는 문제에 맞닿아 있다. 이러한 문제는 단지 창작자뿐 아니라 플랫폼 세계를 살아가는 인간의 존재와 일에 대한 정당한 보상, 지식재산에 대한 질문과 깊이 연관된다.[2] 오늘날 플랫폼은 우리의 삶을 영위하는 데 필수 불가결한 기술이자 서비스인 동시에 탐색과 교류, 교환이 일어나는 공간이다. 인간의 활동 전반이 플랫폼을 매개로 이루어지면서 소비와 삶의 선택, 관계를 비롯한 행동 양식도 전방위적으로 바뀌었다. 플랫폼 세계를 살아가는 인간의 존재 양식을 보려면 그 배경을 이루는 플랫폼 기업의 속성을 먼저 살펴야 한다.

상품이 된 인간

플랫폼 기업의 주목 대상은 네트워크에 연결된 사람이다. 아마존, 지마켓 같은 인터넷 초창기 기업에게 네트

[2]　이두갑 외, 김인·양승호·장준오 옮김, 『아는 것이 돈이다』(이음, 2022).

워크는 상품의 판매를 위한 도구, 유통망에 불과했다. 플랫폼 서비스 이전의 온라인 쇼핑몰은 검색이나 쇼핑 같은 하나의 서비스만을 제공했으며 물류 혁신과 빠른 배송으로 상품을 저렴하게 판매해 이윤을 남겼다. 그러나 지식 및 미디어 플랫폼 기업으로 거듭난 새로운 회사들은 인간의 삶과 그 네트워크를 광고주에게 판매되는 하나의 상품으로 본다. 잘 알려져 있듯이 구글과 메타와 같은 검색 및 소셜네트워크 기업은 지구상에서 가장 거대한 광고 회사 중 하나다. 구글의 매출 중 80퍼센트는 광고에서 나온다.

편집증적 관찰자이자 수집가이자 분류가이자 분석가인 플랫폼 기업은 그들의 상품, 즉 인간을 우리 자신보다 더 잘 알기 위해 수많은 투자를 했으며 이제 사람들의 은밀하고 깊은 선호와 선택까지 예측할 수 있다고 자신한다. 정보 접근과 이용, 교류에 대한 필요를 충족시키는 서비스를 전략적으로 제공하며 자신들의 공간에서 사람들의 네트워크를 매개하고 확장한다. 카카오톡을 통해 사실상 전 국민의 정보를 보유한 카카오는 메신저 앱에 대화 중 나눈 이야기를 확장할 수 있는 검색 및 추천 기능을 탑재했다. 대화창의 사람들은 이벤

이두갑

트에 참여해 받은 무료 이모티콘을 주고받거나 '선물하기' 탭에서 생일과 기념일을 챙기기도 한다. 카카오에서 운영하는 웹툰, 게임 등 콘텐츠 서비스나 간편 결제와 같은 금융 서비스에 가입하는 일도 클릭 몇 번만으로 가능하다.

이 과정에서 기업은 사용자의 광범위한 욕망과 타인과 관계 맺는 방식, 그 양상의 변화에 관한 정보를 실시간으로 수집하고 영구 저장하며 지속적으로 분석한다. 경제적 선호, 정치적 입장, 사회적 지위, 문화적 취향에 이르기까지 광범위한 사용자 빅데이터는 정보처리와 분석을 거쳐 맞춤형 알고리즘을 만든다. 이러한 알고리즘이 사용자의 선택, 즉 마우스 클릭에서부터 구매와 관계 맺기에 이르기까지 컴퓨터와 정보를 통해 매개되는 삶의 모든 순간을 결정하는 데 영향을 미친다. 플랫폼 세상의 인간은 플랫폼상의 상품이자 플랫폼이 제공해 주는 서비스와 추천, 선택 알고리즘으로 삶을 영위하는 존재다.[3]

[3] 이두갑, 「평가된 자아」, 《과학기술학연구》19(2019), 91~135쪽.

디지털 공동체의 일

플랫폼 기업은 이렇게 변화한 인간을 상품으로 내놓으며 새로운 자본주의를 추구한다. 망의 가치가 단말기를 소유하고 네트워크에 연결된 가입자가 많을수록 기하급수적으로 커지는 것처럼 플랫폼 기업은 사용자 사이에 더 많은 연결을 만들어 네트워크 효과를 극대화한다. 미래학자 케빈 켈리는 실리콘 밸리의 혁신이 이끈 감시 자본주의를 긍정하며[4] 이런 새로운 플랫폼 위에 새로운 협력과 거래의 공동체가 형성된다고 말한다. 신생 문화 플랫폼 위키피디아, 유튜브, 옐프에서 자발적으로 정보와 콘텐츠, 소비자 평가를 생산하고 퍼뜨리는 사용자들은 인터넷이라는 혁신이 만든 역동적인 디지털 공동체다. 이들은 '공유경제'를 이끌며 참여와 이

[4] 감시 자본주의란 플랫폼 기업이 네트워크 효과를 극대화하며 사용자 행동 데이터를 이용해 적극적으로 수익을 창출하는 자본주의를 말한다. 쇼샤나 주보프, 김보영 옮김, 『감시 자본주의 시대』(문학사상, 2021). 네트워크 효과 또는 멧커프의 법칙으로 잘 알려져 있듯이 플랫폼의 유용성은 네트워크로 연결된 사람과 조직의 수, 그들이 생산하고 소유하며 사용하고 교환하는 자원들의 규모에 비례해 기하급수적으로 증대한다.

이두갑

윤 추구의 경계를 흐리는 실리콘 밸리의 이상을 실현한다.[5]

우버나 에어비앤비와 같은 서비스 플랫폼은 공유경제로 성공한 대표적인 사례다. 공유경제의 특징은 기업이 외부화, 즉 네트워크에 연결된 공동체의 일에 서비스와 자원 대부분을 의존한다는 것이다. 한 경영자가 지적했듯이 "세계 최대의 택시 회사 우버는 한 대의 자동차도 보유하지 않고, 세계 최대의 미디어 회사 페이스북은 콘텐츠를 생산하지 않으며, 최대의 기업 가치를 가진 소매 기업 알리바바는 재고가 없다. 또 세계 최대 숙박업체 에어비앤비는 부동산을 보유하고 있지 않다."[6] 우버가 아니라 승객을 이동시키는 가입자가 자동차 소유부터 정비, 운전까지 모두를 책임지며, 에어비앤비가 아니라 투숙객을 받는 호스트가 숙소의 소유, 운영에 관한 서비스를 책임지는 것이다. 플랫폼 기업은 직접 자산을 소유하고 직원을 고용하는 것이 자신들의

[5] Fred Turner, *From Counterculture to Cyberculture: Stewart Brand, the Whole Earth Network, and the Rise of Digital Utopianism*(University of Chicago Press, 2006).
[6] 마셜 앨스타인·상지트 초더리·제프리 파커, 이현경 옮김, 『플랫폼 레볼루션』(부키, 2017), 45쪽.

역할이 아니라며 선을 긋는다. 공동체의 자원을 조율하고, 공동체의 역동적인 기여를 이끌어 내는 매개체가 되고, 이를 통해 역동적이고 자발적인 공동체를 만드는 일이 자신들의 핵심 활동이라는 것이다. 하지만 디지털 공동체의 개별자들은 기업이 그어 둔 선을 넘고 들어가 마땅히 해야 할 일을 하라고 요구한다. 최근 미국의 한 작곡가는 큰 상을 받은 앨범의 열 곡을 작업했지만 출시 후 2년간 수익이 단 4000달러로 최저임금에도 미치지 못했다고 말했다. 그는 자신과 같은 창작자의 노동으로 성장한 플랫폼 기업 스포티파이에게 정당한 보상을 요구했다.[7]

혁신의 이름에 저항하기

생성형 AI 기술의 득세로 제기되는 창작자 대 플랫폼 기업의 소송은 플랫폼의 세상에서 상품 되기를 거부하는 저항의 한 사례다. 인공지능 기업 스테이블 AI는

[7] Brian Hiatt, "She Spent Two Years Writing for an Acclaimed Album, and Made Only $4,000," *Rolling Stone* (2023. 2. 5.).

2022년 출시와 함께 소프트웨어 소스를 공개하는 전략으로 사용자를 끌어들였다. 이들의 이미지 생성 플랫폼 스테이블 디퓨전은 50억 개가량의 이미지를 학습한 거대 모델로, 특별한 기예가 없는 사람도 이를 통해 몇 초 만에 예술 생성물을 만들 수가 있다. 더욱이 공개 소스로 플랫폼을 개량하거나 특정 작가 또는 화풍의 데이터셋을 훈련시켜 사용자의 요구에 맞는 이미지를 생성할 수도 있다. 혁신 AI 플랫폼의 세상에서 인간이 정당한 일에 대한 보상을 받을 수 있을까?

만화가 사라 앤더슨과 일러스트레이터 켈리 맥커넌, 칼라 오티즈는 '스테이블 디퓨전'을 비롯한 세 개의 이미지 생성 AI 플랫폼에 소를 제기하면서 이들 플랫폼이 인공지능을 학습시키는 과정에서 자신들의 원작 창작물을 무단으로 이용했다고 주장했다. 법률적 차원에서는 생성형 AI가 창작물을 학습에 사용한 것이 저작권법에서 비판과 풍자, 비평, 뉴스 보도, 교육이나 연구 등의 목적으로 특수하게 허용되는 공정 이용(fair use)에 해당한다고 볼 수 없다는 것이다. 이들은 또한 생성형 AI 플랫폼이 예술가들이 창작한 지식재산을 가지고 있는 원작과 큰 차이가 나지 않는 도용물에 불과

한 이미지를 생성하므로 자신들의 지식재산권을 침해하고 있다고 했다. 이들의 말대로라면 AI로 생성된 이미지는 이차적 저작물로 볼 수 없다. 예술가에게 생성형 AI는 창작 능력 없이 인간의 작품에 나타난 통계적 패턴으로 이미지를 생성하는 파생적 시스템(derivative system)에 불과하다. 고유한 창작물이 아닌 것을 본떠 작동하는 시스템이 예술가의 창조적 능력의 결과물인 지식재산을 침해한다는 논리다. 그렇다면 AI로 생성된 이미지는 기존 작품을 능가하는 창작적 요소를 더한 새로운 지식재산으로 볼 수 없다. 세 예술가의 주장이 받아들여진다면 플랫폼 기업들은 기업들은 미국 지식재산법상 한 장당 최대 15만 달러(약 2억 원)까지 피해배상을 해 주어야 한다.

플랫폼 기업의 경영 방식을 옹호하는 이들은 플랫폼 사용자를 창발적인 네트워크 공동체로 바라본다. 하지만 창작자의 시각에서 연결과 매개를 통한 가치 대부분은 서비스를 이용하는 공동체의 자산과 일로 만들어진다. 애초에 플랫폼 기업은 그들이 소유하거나 통제하지 않는 자원을 써서 막대한 자본 투자 없이 빠르게 성장했다.

이두갑

기업은 생성형 AI 플랫폼 또한 인간의 창작물에 기반한 '사람들의 플랫폼'임에도 이미지 학습에 대한 정당한 대가를 치르지 않는 데다 인공지능의 창작물을 원본의 도용물로 간주하지 않는다. 스테이블 디퓨전은 스테이블 AI가 만든 이미지와 훈련에 사용된 이미지가 매우 유사해 지식재산이 침해당했다는 구체적인 증거를 원고 측이 제시하지 못하고 있다고 응수했다. 스테이블 AI의 생성물들은 훈련을 통해 기존 작품들과 실질적으로 다른 창작물을 내놓고 있기에 도용이 아니라는 것이다.[8] 이에 대해 예술가들은 자본 없이 사용자 네트워크 확장을 최우선시하는 플랫폼 기업은 중세 봉건 영주와 비슷하다고 비판한다. 기업은 자신의 영토, 즉 플랫폼을 소유하고 통제하며 콘텐츠를 '창조'하고 서로를 '연결'하는 서비스 제공자와 창작자를 소작농 부리듯 한다.[9]

이러한 비판과 더불어 플랫폼 기업이 공동체의 사

[8] Stability AI's Amended Notice of Motion to Dismiss, Filed 23. 4. 18., U.S. District Court, Northern District of California, San Francisco Division.
[9] Astra Taylor, *The People's Platform: Taking Back Power and Culture in the Digital Age*(Metropolitan Books, 2014).

용자들에게 가져야 할 책임에 대한 논의도 급부상하고 있다. 누군가 생성형 AI 플랫폼을 악용해 가짜 뉴스나 편견이나 차별적 이미지 등을 확대 재생산한다면 기존 사회적 플랫폼의 부작용보다 더 큰 문제가 발생할 것이다. 2023년 4월에는 스테이블 디퓨전의 사용자가 가상의 여성 이미지를 만들어 온라인 커뮤니티에 올리고 가짜 나체 사진을 판매한 일이 있었다. 디지털 공동체의 누군가는 플랫폼 혁신 덕에 얻은 가짜 뉴스나 이미지로 다른 사회적 플랫폼에서 관심을 얻는다. 이 과정에서 플랫폼 기업이 광고 이익을 얻는다면 이들의 책임은 어떻게 규정해야 할까? 창작자뿐 아니라 학계, 인공지능 연구자들의 주도로 플랫폼 기업의 책임감 있는 정책 수립을 촉구하는 운동이 점차 힘을 얻고 있다. 최근 마가렛 미첼과 같은 인공지능 연구자들은 윤리적 AI라는 연구 분야를 개척하며 대안적 오픈소스 AI 플랫폼 기업인 허깅 페이스를 설립하기도 했다. 일찍이 감시 자본주의의 문제점을 지적한 비판자들의 논의는 정의로운 데이터 수집과 처리를 요구하고 알고리즘 및 인공지능의 인종, 젠더 편향 문제를 비판하는 디지털 공동체의 또 다른 저항과 연결된다.

　　　　　이두갑

인간이 바라는 것

코로나 팬데믹 이후 재택 근무가 일상화된 데다 더욱이 최근 경제 위기로 대량 해고 사태를 겪고 있어서인지 2023년 2월 실리콘 밸리 기업의 거대한 첨단 캠퍼스는 텅 빈 유령 도시 같았다. 마치 플랫폼 기업이 그 네트워크를 이루는 공동체의 일과 자원에 크게 기대고 있음을 보여 주듯이 말이다. 많은 이들은 생성형 AI가 인간의 창의적 일을 대체할 혁신적 기술이 될 수 있을까 질문한다. 사실 더욱 중요한 질문은 우리가 과연 텅 빈 유령 기계처럼 작동하는 인공지능이 생성한 창작물을 향유하고 싶은지, 이러한 기술을 만들어낸 플랫폼 기업이 큰 이윤을 누리는 세상에서 살고 싶은지가 아닐까?

생성형 AI를 탑재한 플랫폼들은 창의적 공동체가 만들어낸 이미지, 문학작품, 음악들을 방대한 규모로 학습하고, 이들 사이의 패턴에 기반해 또 다른 이미지나 작품을 내놓고 있다. 몇몇 플랫폼 기업은 학습데이터를 제공한 저작권자에게 별도로 보상을 주려 시도한다. 그런데 왜 이들 기업은 '도용물'이라 할 만한 것들을 생성하는 인공지능을 개발하는 것일까? 왜 창의적 인간이 충분히 잘할 수 있는 일을 인공지능에게 요구하는 것일까? 생성형 AI 기업들은 창작자의 노동의 대가를 어떻게 정당하게 보상할 것인가를 고민하기에 앞서 이들의 값진 창작물을 무상으로 이용하고 AI 생성물로 큰 이윤을 얻는 것에 집착하는 것처럼 보인다.

나는 여전히 창작자가 정당한 보상을 받고, 풍요롭고 다양한 창작물을 향유하는 것이 다수의 인간이 원하는 세상이라 믿는다. 이 믿음을 실현하려면 인공지능 기술 혁신의 현혹에서 벗어나 창작자의 권리와 플랫폼 기업의 책임을 요구하는 행동에 나서야 할 것이다. 인간의 창작물에 대한 정당한 보상 방안을 찾고 창작자들이 플랫폼 기업의 디지털 소작농으로 전락하는 것을 막아야 할 시점이다.

이두갑

K 카다시안의 고백

김혜림

김혜림　　2020년 4월 '콜리그'라는 이름의 메일링 서비스를 론칭했고, 2021년 8월까지 비평공유플랫폼 콜리그의 운영진으로 활동했다. 잡지 《오큘로》와 《마테리알》에 투고했다.

지금은 지식 정보 콘텐츠 플랫폼 북저널리즘에서 세상에 대한 글을 쓰고 『한국에서 박사하기』, 『내일의 뉴스레터』 등을 만들었다.

[주요어] #비평계 #동료 #외부
[분류] 영화예술 > 비평

"K는 자기 자신에게 물었다.
노마드라는 비평 플랫폼에서
교환하고자 했던 욕망,
얻고자 했던 부산물,
우연과의 마주침이
지금 가능한지."

코로나19가 모든 만남을 투명한 아크릴 장벽으로 가로막을 때쯤 K는 졸업했다. K는 학교에서 영화에 말을 얹는 방법을 배웠다. 어느 하나로 수렴되지 않는 커리큘럼에는 철학과 영화사, 미술사와 비평 방법론이 어지럽게 섞여 있었다. K는 자신이 쓴 레포트를 읽으며 굳게 믿었다. '나는 비평하고 있다!'

현실은 조금 달랐다. 2020년의 영화 비평계는 비평계라는 단어 위에 자리 잡을 수 없는 이들이 다양한 방법을 찾아 나서고 있었다. 그들은 등단, 소셜 미디어, 독립 잡지 등을 통해 자신의 이름을 알렸다. K 역시 졸업과 동시에 수많은 갈래로 나뉜 길 앞에 선 '자리 없는 비평가'였다. 문득 K는 이렇게나 많은 글을 썼는데도 앞으로는 비평을 하지 못할 수 있겠다고 생각했다.

2019년 출범한 영상비평신문 《마테리알》은 기존 제도의 틈바귀에 자리를 잡으려는 K에게 새로운 선택지를 주는 레퍼런스였다. 《마테리알》은 단단히 조직된 듯한 비평계에 '스루패스'를 보내며 새로운 비평적 공간을 창출하겠다고 선언했다. K에게 스루패스라는 어려운 개념은 잘 와닿지 않았지만, 확실한 것은 그들이 비평계 위에 설 수 없다는 명제를 넘어서려 했다는 점이었다. 기존 제도에 좌표를 찍지 못한 이들도, 새로운 차원 하나를 더할 수 있다는 외침은 K에게 희망을 심어 줬다. '어쩌면 나도······!'

시작은 메일링 서비스

2020년 4월, K의 새로운 비평 공간 만들기 프로젝트 노마드는 메일링 서비스로 첫발을 뗴었다. 4월 첫 주의 첫 글은 회기역 근처의 한 PC방에서 전송되었다. K는 푹 꺼지는 의자에 앉자마자 다섯 시간을 충전해 두고, 체험판 포토샵을 깔았다. 안절부절 땀을 흘리며 메일을 보냈다. 첫 주에 보낸 비평은 옴니버스 형태의 서부

김혜림

극인 코엔 형제의 영화 「카우보이의 노래」를 다룬 글이었다.

노마드는 각 주의 주제들을 튼튼한 연결고리로 붙여 놓지 않는다. 다시 말해 각각의 단상들을 단단하게 붙여 버려 무언가를 수동적으로 읽고 따라가도록 하는 것이 아니다. 틈을 충분히 열어 두고, 그 틈을 매개로 독자, 즉 동료와 글, 그리고 생산자가 교통하는 것을 지향한다. 그리고 그 교통의 과정에서 사유의 통로를 발견하고 넓혀 가는 것을 목표로 한다. 영화에게는 낯선 옴니버스 방식을 취하는 「카우보이의 노래」를 첫 대상으로 삼은 것은 이 영화가 거시적으로 택하고 있는 구조가 노마드의 지향과 얼마간 닮아 있기 때문이다.

노마드가 메일링 서비스를 택한 이유는 간단했다. K는 한 달에 제공되는 글 네 편을 1000원에 팔았는데, 이 거래 덕분에 K는 좋든 싫든 글을 써야 했다. 조금이나마 돈을 벌 수 있었기 때문에, 어쩌면 비평을 지속할 수 있다는 기대를 품기도 했다. 또 하나의 이유는 우편이라는 교환 행위 자체였다. 보내는 이와 받는 이가 서로를 인식하지 않으면 메일링은 불가능하다. K에게 노마드의 이름과 메일 주소를 교환하는 행위는 서버와 리시버가 서로의 존재와 정체성을 인식하는 일이었다. 당시 K는 숨은 참조 거는 법을 몰랐다. 첫 주 발송 때 모두의 이메일 주소를 공개해 버렸으니, 아마 리시버들도 서로의 존재를 인식할 수 있었을 테다. 기존의 비평 제도권이 개인을 공동체에 소속시킨다는 명제에서 출발하는 것과 달리, 제도권 바깥의 '노마드'들은 잠시 만났다 헤어져야만 했다. 각자가 자신의 트레일러를 같은 주차장에 주차하듯 말이다.

바퀴 달린 트레일러는 "전통적인 형태의 '벽과 기둥으로 된' 집을 포기함으로써 집세와 주택 융자금의 족쇄"[1]를 부술 수 있는 대안적 장소다. 이 대안 공간은 타인의 사적 소유물인 주차장에 세워질 수밖에 없다. 그래서 노마드들이 머무는 트레일러를 "기생 식물처럼 뿌리가 없"[2]는 존재라고 표현하기도 한다. 그런데 모든 식물은 뿌리 없이 흩날리는 수술과 암술에서

---

[1] 제시카 브루더, 서제인 옮김, 『노마드랜드』(엘리, 2021), 25쪽.
[2] 위의 책, 332쪽.

김혜림

시작하지 않나?

이곳에서 저곳을 오가는 트레일러는 우연한 만남을 가능케 하고, 그로부터 희망을 찾도록 한다. 트레일러라는 각자의 세계가, 주차장이라는 태생부터 임시적인 공간 위에 잠시 놓일 때 만남이 시작된다. 비평계에는 벽과 기둥으로 된 공간은 적었으므로, 몇몇 비평가들은 트레일러에서 시작할 수밖에 없었다. K도 그중하나였다.

얼마 지나지 않아 K는 노마드를 플랫폼으로 확장했다. K에게는 혼자 머물 수 있는 트레일러, 그리고 자신의 트레일러를 소개할 수 있는 주차장이 필요했다. 그 자리에서 비평을 매개로 사람들과 만나고 싶었고, 영화를 이야기하고 싶었다. 독방에 갇힌 채 아무도 듣지 않는 말을 읊조리고 싶지는 않았다. K는 킴 카다시안을 떠올렸다. 사교계의 네트워킹만으로도 자기 자신을 정의하는 킴 카다시안. 플랫폼 운영자라는 정체성은 사실 어떤 행위도 담보하고 있지 않다는 점에서 사업가도 비평가도 아니지만, 실은 원한다면 언제나 연단 위에 올라서서 말할 수 있지 않나?

플랫폼을 운영하면서 오히려 K는 용기 있는 노마

드들을 만날 수 있었다. '작가'나 '비평가'라는 명사를 붙이지 않고 자기 자신을 '글 쓰는' 사람이라고 동사로 정의하는 이들을 만났다. 이 비좁은 주차장에서, 매일 영역 다툼을 벌여야 하는 낭떠러지 위에서는 외로울 수밖에 없다고 믿었던 과거를 벗어나 우연한 사람들의 이름을 마주했다. 그제야 K는 연금처럼 넣었던 비평상 공모를 그만두었다. 노마드에 쓰고 싶은 글들을 써내기 시작했다.

기획 없는 기획의 장

플랫폼은 교환의 장소다. 소셜 미디어의 피드에서는 보이지 않는 노동이 교환되고, 그를 적극적으로 매개하는 기업은 부산물을 얻는다. 소셜 미디어가 잉여가치를 얻기 위해 생산해야 하는 것에는 '누구든, 무엇을 말할 수 있다'는 종류의 환상이 있다. 플랫폼이라는 문턱을 딛고 일어선 나의 말이 다른 누군가에게 가닿을 수 있다는 환상이 없다면 무급 노동[3]을 교환하는 악랄한 공

---

[3] 이탈리아의 이론가 티지아나 테라노바는 디지털 플랫폼의 경제가 무급 노동을 통해 작동한다고 주장한다. Tiziana Terranova, "Free

김혜림

간은 유지될 수 없다.

K가 기획한 플랫폼 노마드는 누구나 비평을 쓰고 '공유'할 수 있다는 가치를 흐릿한 미션으로 잡았다. 누구나 글을 쓰고 보낼 수 있다는 생산 행위가 아닌 다른 이들과 공유할 수 있다는 교환 행위가 셀링 포인트였다. 비평가 윤아랑이 말한 것처럼 이런 종류의 환상은 건방진 것일지도 모른다. "'누구든 ~을 할 수 있다'는 말은 콘텐츠의 생산과 유통이 고도로 대중화되는 흐름을 지시하는 말이지만, 그 안에는 목적어의 자리에 들어갈 것이 여전히 특권적인 의미를 갖고 있다는 의식이 숨어 있다. 그 누구도 '누구든 숨을 쉴 수 있다'고 굳이 말하지 않는 것처럼 말이다."[4]

비평 플랫폼은 그러한 특권 의식에서 자유로울 수 없었지만, K는 정해진 자리 없이 비평계라는 무중력을 떠다닌 자신의 과거를 떠올렸다. 등단 제도를 거치지 않고도, 어느 학교에 속하지 않고도 비평을 나눌 수 있

Labor: Producing Culture for the Digital Economy," *Social Text* 63 Vol.18 no.2(2000), pp.33~58.

[4]   윤아랑, 「네임드 유저의 수기」, 《한편》 2호 '인플루언서'(민음사, 2020), 49~52쪽.

기를 바랐다. 중력에 속하지 못한 이들도 그 특권과 같은 중력을 잠시라도 움켜쥘 수 있기를.

비평가 정경담은 "위디스크의 해적"을 호명했다. 저작권법 바깥에서 괴상한 제목이 붙은 영화를 업로드하는 이들. 그들의 웹하드 페이지는 우연한 이미지와의 만남과 취향의 무한 확장을 가능하게 했다. 그들이 공유하는 대안적 리스트에는 '감독전'이라느니 '배우전'이라느니 하는 전통과 권위가 조직하는 기획이 없었다. 그들은 "규정될 필요가 없었기 때문에, 확장되고 변형되는 와중에도 그 확장과 변형의 사실을 굳이 상기시키면서 계보를 만들지 않아도"[5] 되었다.

노마드에 모인 이들 또한 기획 없는 기획과 규정 없는 규정 아래에서 글들을 생산했다. 허물없는 만남이 불가능해진 2020년 이후 비평계의 지속에 필요한 것은 부재의 형태로 존재를 입증하는 부정신학이었다. 미션을 정의하지 않고, 또 정의할 수 없다는 것. 그렇다면 플랫폼이라는 미션 없는 공간에 모인 이들 역시 규정 없는 만남을 원했을 터였다. 무엇을 말해야 한다거

[5] 정경담, 「해적을 위한 변명: 위디스크와 '리스트'」, 《마테리알》 4호 (2021).

나 누구만 말할 수 있다는 종류의 가이드라인은 없었
다. 모두가 모든 걸 말할 수 있어야 한다는 가치만이 선
명했다.

플랫폼이 터질 때

어느새 플랫폼에 올라온 글이 100여 개가 넘어갔다. 노
마드의 운영진으로 직접 합류한 이도 20명을 넘었다.
주차장이 가득 찰수록 플랫폼 내부의 압박이 가중되었
다. 1년도 채 지나기 전인데 균열이 보이기 시작했다.
누구나 무엇을 말할 수 있다는 가치 뒤편에는 표현해서
는 안 될 욕망들이 가득했다.

파트타임으로 일하던 K가 노마드 밖에서 '크리틱
레터'를 보낸 지 두 달이 지난 시점이었다. 플랫폼을 함
께 운영하던 이들이 서서히 불만을 표했다. 크리틱 레
터가 라디오로 확장한다는 소식을 듣고 24명의 노마드
운영자 중 과반이 K의 비겁함과 크레딧에 대한 욕망을
노골적으로 비난했다. 노마드에만 집중하지 않으면 이
아슬아슬한 플랫폼은 쓰러질 것이 확실한데, K가 자신
의 이력 한 줄을 위해 다른 프로젝트에까지 손을 대고

있다는 지적질이었다. 그들은 K가 노마드 플랫폼 내부에서만 활동하길 원했다.

K는 약간은, 억울했다. 24명의 운영자 대부분은 각자의 트레일러 안에서 각자의 프로젝트를 벌리고 있었기 때문이다. 누군가는 번역을 의뢰받았고, 누군가는 진보 논객과 MZ세대의 에어팟을 논했다. 또 한 명은 자신의 철학을 가사로 쓰며 사운드클라우드를 가득 채우고 있었다. 그러나 K는 태생부터 그들과 달랐다. 비평계를 살리고자, 이 시대의 교양을 지키고자 순교자처럼 비평하는 24명의 운영자와는 달리, K의 플랫폼 운영은 킴 카다시안의 욕망에서 출발했기 때문이다! 욕을 먹기 싫어하고, 충돌을 피한다는 K의 유약한 속성도 영향을 미쳤다.

운영자들은 비평은 욕망일 수 없다고 주장했다. 비평을 위해서라면 믿고 따르던 이들과 과감히 결별할 수 있어야 하며, 비평가라는 정체성은 옳음을 추종하는 과정에서 얻을 수 있는 잉여가치에 불과하다고. 그들의 눈에 정체성과 따듯한 자리, 환상으로만 빚어져야 할 잉여가치를 욕망하는 K는 옳지 않았다. 어떤 욕망은 비평 플랫폼에 담길 수 있었지만, 어떤 것은 그렇지 않았

김혜림

다. K는 하고 싶지 않은 싸움을 반복했다. 괴로웠지만, 비평 앞에서 비겁했다는 죗값을 치르기 위해서라면 이 정도의 포기는 당연하다고 생각했다.

24인의 노마드 운영자는 K의 행동을 하나하나를 평가하고 통제하기 시작했다. 한 명은 K에게 자신과 사이가 좋지 않은 비평가와 연락하는 걸 비난하며 K가 쌓아 온 교우 관계를 책망했다. 또 다른 한 명은 K가 직장을 잡으면 노마드는 정상적으로 운영되기 힘들 것이라 힐난했다. 숭고함을 위해 모든 욕망을 버려야 한다는 화살을 맞으며 K는 결심했다. 자신이 1년 4개월간 썼던 모든 글을 지우고 노마드를 나서기로.

24인의 운영자들은 하얀 원탁에 둘러앉아 회의를 이어 갔다. 1시간의 회의 끝에 K가 각서를 써야 한다는 주장이 나왔다. 첫째, 노마드 운영 과정에서 있었던 일을 발설하지 않는다. 둘째, K는 영원히 비평계를 떠난다. K에게는 자신의 거취를 결정할 자격이 없다! 이것이 원탁회의의 결론이었다. 24인의 비평적 순교를 더럽히는 것은 한국 비평계의 몰락으로 간주되었다.

K는 각서에 서명했다. 각서 공증을 위해 행정복지센터에서 떼 온 본인서명사실확인서가 48개의 눈알 앞

에서 태극기처럼 펄럭였다. 2023년 현재 노마드의 운영자는 여덟 명으로 줄었다. 6개월 전 「해피아워」[6]를 다룬 비평이 올라온 뒤로 새로운 글은 더 이상 올라오지 않았다. 그 누구도 노마드에 대해 이야기하지 않았다. K도 마찬가지였다.

정체성은 바깥에서 침입한다

K는 외화면에 대한 글을 썼다.

「프릭스(Freaks)」[7]의 크고 작은 몸은 우연처럼 침투한다. 외화면의 다른 크기의 인물이 내화면으로 침입할 때, 신체의 크기에 대한 외부적 인식이 있을 때, 「프릭스」의 풍경에 비로소 'Freak(괴물)'이라는 의미가 덧붙는다. 그들은 '나'라는 외부의 존재보다 크거나 작다. 그들의 신체는 외화면 존재와의 충돌 끝에 비로소 애틋해진다. 그들의 불완전한 세계를 두드리는 건 외화면이다. 공격적으로 침투한 외부는 내화면

[6] 하마구치 류스케(2015).
[7] 토드 브라우닝(1932).

을 비로소 완전하게 한다.[8]

영화의 정체성이 외화면에서 만들어지는 것처럼 비평가의 정체성은 플랫폼의 외부에서 규정되어야만 했다. 자기충족적인 프레임에 갇힌 비평가는 친목과 나태, 우울과 적대에 익숙해질 수밖에 없을 터였다. 유운성은 영화 비평이 "지금 이곳의 영화만 바라보는 작업이 아니라 사라진, 불구가 된, 보이지 않는, 잊혀진, 차단된 영화들을 온갖 방식으로 불러내고 그들 사이를 부지런히 오가"[9]는 작업이라고 정의했다. K에게 본인 서명사실확인서 이후의 노마드는 외부와의 접점이 사라진 내부였다. K는 자기 자신에게 물었다. 노마드라는 비평 플랫폼에서 교환하고자 했던 욕망, 얻고자 했던 부산물, 우연과의 마주침이 지금 가능한지. 답은 '아니다'였다.

"숨만 쉴 수 있다면 누구나 인스타그램을 할 수 있

[8] 장루이 셰페르, 김이석 옮김, 『영화를 보러 다니는 평범한 남자』(이모션북스, 2020) 참고.
[9] 유운성, 「밀수꾼의 노래: 「영화 비평의 '장소'에 관하여」 이후, 다시 움직이는 비평을 위한 몽타주」, 《문학과사회》 제28권 제4호(문학과지성사, 2015).

습니다!" 메타는 이 오만한 명제의 반동을 감당하고 있다. 연일 해고된 직원이 틱톡을 찍는다. 오늘은 1만 명이, 어제는 5000명이 '메타 해고 브이로그'를 올렸다. 지금의 소셜 미디어 플랫폼이 허약해지는 이유는 그들이 접하는 외부가 점차 좁아지기 때문 아닐까? 숨만 쉬면 말할 수 있었던 플랫폼이 자신의 얼굴을 비닐봉지 속으로 집어넣는다. '폰허브(pornhub)'의 인스타그램 계정 삭제[10], 여성 유두의 노출 금지, 알고리즘 바깥의 종말, 모든 수축이 메타 주가를 파란색으로 물들인다……. 플랫폼의 존재 가치는 외부와의 접점을 무한히 늘려야만 유지 가능하다는 점에서 그 태생부터 위태롭다. K가 머물렀던 비평 플랫폼은 몇몇 트레일러들을 주차장 밖으로 내몰면서 수축했다.

비평 플랫폼은 그 시작부터가 비평과 플랫폼 사이의 사생아였다. 숨 쉬는 이들과 우정의 편지를 주고받는 순수한 비평일 수도 없고, 킴 카다시안을 욕망하는 누군가가 들어차 트월킹을 하는 플랫폼일 수도 없는 것. 혹은 그 둘일 수밖에 없는 것. 운영자들은 K의 욕망

[10] Amanda Silberling, "Instagram permanently disabled Pornhub's account," *Techcrunch*(2022. 9. 29.).

김혜림

을 통제했다. 노마드에서 K의 욕망은 비평의 숭고함과 조화할 수 없기에 절제되어야 하는 대상이었다. 모든 욕망이 오가야 했던 플랫폼에 보이지 않는 욕망에 대한 단죄가 가득했다. K의 욕망이 자리 잡을 비평 플랫폼은 없었다. K는 매일 생각했다. '비평계에 자리 잡고 싶다는 생각을 버렸다면! 비평계에 자리 잡을 수 있었을 텐데……'

노마드에 남겨진 8인의 운영자는 비평계에 자신의 자리를 공고히 했다. 누군가는 눈썹을 강조한 논객 메이크업을 받은 채 스튜디오에 앉았고, 누군가는 국내 유수 출판사의 작가가 되었다. '떠돌이로 글 쓰는 법, 당신도 작가가 될 수 있다'라는 제목의 대형 강의가 열렸다. K의 서명이 담긴 비평 포기 각서는 총 24부 복사되었다. 아마 지금은 자취를 감춘 순교자들의 서랍 속에도 K의 비평 포기 각서가 들어 있을 터였다.

번역을 교환하는 놀이터

문호영

문호영　　　한국어와 영어를 오가며 번역하고 글을 쓴다. 성의 수필집 『남은 인생은요?』, 황인찬 시집 『여기까지가 미래입니다』, 한정현 단편 소설 「우리의 소원은 과학 소년」, 이랑의 앨범 「신의 놀이」 가사 등을 번역했다. 하나의 한국어 시를 여러 영번역으로 읽을 수 있는 웹진 《초과 chogwa》의 애독자이자 기고자이며, 번역 모임 '촉'을 통해 아직 출판되지 않은 동시대 이야기를 소개하고 있다.

[주요어] #번역 #공동체 #해석
[분류] 문학 > 문학번역

"하나의 텍스트에 여러 번역이
존재할 수 있다고 가정하는 것과
실제로 그 텍스트를 여러 사람이
번역하고 한자리에 모아
나눠 본 것은 전혀 다르다."

《초과chogwa》는 2019년부터 매호 하나의 시를 여러 개의 영역본과 함께 소개하고 있는 웹진이다. 보통 한 작품에 여러 번역본이 존재할 때는 그 작품이 호메로스의 『오디세이』처럼 고전의 반열에 들거나 하위문화 향유자들의 열띤 추앙을 받아 '해적판'이 생성되는 경우다. 그런데 《초과》는 동시대 문학 작품을, 그것도 시장 논리에 따르면 단 한 번도 번역되지 않을 가능성이 높은 시를 매호 적게는 일곱 개, 많게는 스무 개가 넘는 번역문으로 선보여 왔다. 《초과》의 발행인이자 편집장인 소제는 홈페이지에 게재된 소개글에서 이처럼 다양한 번역문이 공존하면 '놀이하고 실험할 자리(room for play and experimentation)'가 더 넓게 펼쳐진다고 말한다. 영어로 쓰인 이 소개를 《초과》에 참여하는 번역가 중 한 명인 류승경은 이렇게 옮겼다.

하나만 있으면 그 하나가 모든 게 되어야 한다. 다른 번역의 존재는 번역가를 조금 더 과감하게, 조금 더 뻔뻔하게 만들어 준다. 번역은 이렇게만 해야 하는 게 아니라 저렇게도 할 수 있는 거니까! 번역이 늘어날수록 번역가의 놀이터도 넓어진다.[1]

한국어 시를 다룬 총 열 편의 《초과》에 참여한 번역가로서 나는 《초과》를 '놀이터'라 넌지시 정의하는 이 번역문에 무척 공감한다.

그렇다면 《초과》는 번역가들의 플랫폼이라고 할 수 있을까? 플랫폼이 물건이든 서비스든 수요와 공급

---

[1] 소제, 류승경 옮김, 《초과》 홈페이지. www.chogwa.com. 같은 글을 번역가 이예원은 아래와 같이 옮겼는데, 이 글은 그의 언어로부터도 도움을 얻었음을 밝힌다. "하나일 때는 하나가 모두 담아 내야 합니다. 번역본이 여럿일 때 우리는 번역가로서 한층 담차고 맹랑한 선택을 (과감히, 넌지시) 내리기도 합니다. 이러이러해야 한다가 아니라 이럴 수도 있겠네로 번역하기. 번역본이 늘어날수록 놀이와 실험의 터가, 재미(ㅈ미)가 늘어납니다."

의 논리에 따라 판매자와 구매자 사이에 교환이 일어나는 곳이라면,《초과》는 플랫폼과는 거리가 멀다. 아무도 필요하다고 한 적 없는 결과물을, 그것도 대부분 무료로 나누고 있기 때문이다.[2] 그런데《초과》는 여러 번역문을 한데 모아 공개함으로써 시와 번역에 대한 관심을 불러일으키고, 다양한 번역가와 작가가 교류하도록 유도한다. 외부인의 시선으로 본 문학 번역의 세계는 교육 과정을 통해 동료와 스승을 만나거나 대회에 지원해 수상할 경우에나 입문할 수 있는 곳이었다.《초과》에 참여하면서부터 나는 비슷한 작업을 하는 동료들을 만나 혼자라면 번역할 엄두도 내지 못했을 작품들에 도전했고, 다른 문학 번역 작업을 의뢰받기도 했다.

'연단'을 뜻하는 영단어 platform은 '누군가에게 공적으로 발언할 기회를 주다'라는 의미의 동사로도 활용된다. 예를 들어 '주변화된 공동체를 위한 의제에 확성기를 준다(platform issues for marginalized communities)'

[2] 도서 형태로 출간된 10호《더블링doubling》, 잡지《자음과 모음》에 실린 특별호를 제외하면 모두《초과》홈페이지에서 무료로 읽을 수 있다.

라는 표현 또는 '파시스트를 연단에서 끌어 내리자 (deplatform fascists)'라는 구호가 떠오른다. 플랫폼을 확성기라는 또 다른 비유와 등치한다면 잡지, 팟캐스트, TV 프로그램 등을 비롯한 매체는 모두 플랫폼이다. 《초과》가 연단이라면, 이 연단은 무엇에 발언권을 주고 있을까?

세상과 나누고 싶은 열망, 분출하는 마음

《초과》를 구상하고 있다는 소제의 이야기를 들었던 날, 나는 우리가 접해 온 다양한 진(zine)을 떠올리면 해 볼 법하다는 응원을 보냈다. 진은 펑크 문화에 뿌리를 두는 독립 출판물이라고 할 수 있는데, 완벽하지 않더라도 내가 보고 싶은 걸 스스로 만들자는 마음에서 시작된다. 내가 좋아하는 진 중에는 A4용지에 손으로 글을 쓰고 그림을 오려 붙인 다음 복사본을 만들어 배포한 것도 있고, 구글 문서로 만들어 SNS로 퍼트린 것도 있다. 중요한 건 누구나, 자신이 할 수 있는 방식으로 하고 싶은 말을 하는 것이다. 《초과》를 잡지라 생각하면 그 내용물이나 형태가 서점에서 유통되는 유료 간행물들처럼 일종의 전문성을 갖추어야 할 것 같지만, 《초과》가 진이라면 완성도보다는 어떤 이야기를 세상과 나누고 싶은 열망, 끔찍이 좋아하거나 미워해서 분출하는 마음 같은 것이 중요해진다. 《초과》가 웹진이 된 배경에는 어깨에 힘을 좀 빼고 시와 번역에 대해 말하고 싶은 사람들에게 멍석을 깔아 주려는 의도가 있었다.

완성도보다 해 보는 게 중요하지 않냐고 떠들었음에도, 정작 나는 《초과》 1호에 진은영 시인의 「달팽이」를 번역한 글을 보내면서 내가 한 선택들이 선을 넘었거나 말도 안 되는 것이어서 탈락하면 어쩌나 하는 걱정에 시달렸다. 당시 나는 종종 번역 아르바이트를 했을 뿐 문예지에 투고한 경험이나 번역과 관련된 정규 교육을 받은 적이 없는, 책 읽기 좀 좋아하는 바이링구얼일 뿐이었다. 그래서 내 번역이 실렸다는 이메일이 도착했을 때 날아갈 듯 기뻤다. 재빨리 PDF를 열어 보니 편집장은 첫 호에 선정된 번역시들을 이렇게 소개하고 있었다. "자본주의 지옥도에서 자리 하나를 꿰차기 위해 경쟁하기보다는 짐을 나눠 들 수 있도록, 투고된 번역문 열 개 모두를 실었습니다!"[3] 웃음이 나왔다. 안도감이 밀려오는 동시에, 그간 내가 상상했던 '성취'가 단숨에 증발하는 순간이었다.

나는 어쩌면 익숙한 위계를 생각한 것일지도 모른다. 내 번역이 《초과》에 실린다면 그건 누군가의 글보다는 내 번역이 어떤 의미에서든 월등해서, 어떤 기준을 통과해서였을 거라고 생각했다. 그렇지만 편집장의 소개문은 번역에 정답이 없으며, 적어도 이 공간에서는 우열을 따질 필요도 없다는 걸 명백하게 밝혔다. '짐을 나눠 들자'라는 문장은 우리 모두가 번역한 「달팽이」의 가장 까다로운 구절인 "집이 아니야 짐이야"를 향한 윙크이자, 번역이 하나만 있을 때 느끼게 되는 막중한 책임감과는 다른 태도로 번역해 보자는 제안이었다. 1호 서문은 웹진의 이름에 걸맞게 '적당한', 또는 '알맞은' 번역으로 갈무리되지 않는 모든 시도를 향한 초대였다.

[3] 소제,《초과 1》진은영의 '달팽이'(2019), 2쪽.

주고 싶은 춤을 찾아서

열 개의 번역문은 모두 굉장한 묘기를 부리고 있습니다. 제가 묻고 싶은 건 이겁니다. 이런 시도가 위험을 무릅쓸 만한 것이었나요? 그리고 눈에 띄게 타협을 한 부분에서는, 무엇이 두려웠나요?[4]

편집장이 말하는 '묘기'들 중에는 예를 들어 이런 것들이 있다. 진은영의 시구 "집이 아니야 짐이야"의 운율과 의미를 어떻게 재현할 것인가? 나는 이 문장을 'Not home but haul,' 즉 '집이 아니라 짐'으로 옮기면서 ㅎ 소리를 반복하고자 했는데, 'haul'은 사실 '화물', 근래의 쇼핑 유튜브 맥락에서는 '한가득 사온(하울링) 물건'이라는 뜻으로 통용되기도 해서 원문의 문체와 다소 어긋난다는 점이 마음에 걸렸다. 의미를 정확히 전달하고자 home/house(집)와 burden(짐)이라는 단어를 택한 번역가가 많았지만, 김시연은 놀랍게도 "It is not a home, it is han"이라는 번역으로 소리와 함께 확장된

[4] 위와 동일.

의미를 전달했다.

시를 끝맺는 문장 "내가 얼마나 피 흘리고서야 잔잔히 떠오르겠습니까"를 번역하는 방식에서도 다양한 전략들이 등장했다. '잔잔히'를 "serenely"(고요하게)를 비롯한 다양한 부사로 표현하는 방법도 있었지만, "in peace(평화롭게)", "with poise(우아하게)"와 같은 표현으로 풀어내거나, 덧붙이는 부사나 형용구 없이 그저 "rise"(떠오르다)라는 동사 하나로 간결하게 옮겨 단어 하나하나를 음미하는 독해를 끌어내기도 했다.[5]

《초과》를 읽으면서 나는 번역가들의 선택이 각각의 번역시라는 세계를 직조하는 방식에 감탄했다. 중영 문학번역가 제레미 티앙은 번역가를 두 언어나 문화 사이의 '다리'로 비유하는 것은 적확하지 않다고 말했다. 원문을 다르게 해석하고 다르게 번역하기에, 번역가는 다리처럼 중립적인 개체가 아니라는 것이다. 다리라는 오래된 비유 대신 티앙은 번역가를 곡을 해석하는 피아니스트에 빗댄다.

[5] 순서대로 grace hs.p(8쪽), 최재원(10쪽), 양다솜(6쪽), 안톤 허 (10쪽)의 작품에서 인용.

누구도 피아니스트에게 '눈앞에 있는 악보를 보고 건반을 누를 뿐인데 그게 어떻게 예술이냐'고 묻지 않는다. …… 뮤지션의 해석이 다른 연주를 만들어 낸다는 걸 이해하기 때문이다. …… 번역가가 누구인지는 번역문에 본질적으로 영향을 미친다. 그래서 번역은 정치적인 행위이며, 우리가 하는 일은 어떤 형태의 예술이다.[6]

《초과》를 통해 나의 번역은 달라졌다. 하나의 텍스트에 여러 번역이 존재할 수 있다고 가정하는 것과 실제로 그 텍스트를 여러 사람이 번역하고 한자리에 모아 나눠 본 것은 전혀 다르다. 원작에 아무리 번역하기 어려운 표현이 나오더라도 나 혼자 머리를 싸맬 필요가 없었다. 오히려 다른 사람들은 이 부분을 어떻게 다뤘을지를 기대하게 됐다.

뭔가를 특출 나게 잘하려는 목적 없이, 공통으로

[6] 2020년 10월 18일 미국 문학 번역가 협회(American Literary Translations Associaiton) 주최로 열린 대담 "Burn the Bridge: Decolonizing Metaphors of Translation" 중에서 안톤 허 발췌.

주어진 공간 안에서 내가 '춰도 되는' 춤이 아니라, '추고 싶은' 춤을 찾아가는 것. 어떤 놀이에서는 경쟁이 즐거움을 더해 주기에, 《초과》가 놀이터로 느껴진 것은 이 안에 승자와 패자, 참여자와 낙오자가 없었기 때문이 아니다.[7] 그건 우리가 번역이라는 일에 부여되는 막중함과 완벽함에 대한 강박에서 어느 정도 자유로워졌기 때문이고, 다른 이의 번역문을 섬세하게 읽고자 노력했기 때문이다. 《초과》의 온오프라인 모임에서 참여자들은 자신의 번역시를 낭독한 후 다음 낭독자의 번역에서 좋아한 부분이 무엇이었는지를 말하며 동료를 소개한다.

번역 세계의 교환 행위

나는 어떤 번역가가 되고 싶었나? 그건 원문과 내가 어떤 관계를 맺을지에 대한 질문이면서 다른 번역가, 나아가서는 편집자, 작가 같은 번역 세계의 다른 구성원들과 어떻게 관계 맺을지에 대한 상상과 실험이기도 하

[7] 실제로 소제는 2호 편집장의 글에서 앞으로 계속해서 모든 투고작을 실을 계획은 아니라고 말하기도 했다.

다. 황인찬 작가의 시집『여기까지가 미래입니다』를 번역할 때 나는《초과》에서 만난 동료 최재원에게 연락해 이 책의 편집자가 되어 달라고 부탁했다. 손글씨와 그림까지 동원한 피드백을 받자 서로의 번역시를 눈여겨보며 나눴던 대화가 이어지고 있음을 느꼈다. 나의 번역이 원문을 변주할 때 재원은 그것을 정확히 알아봤다. '이건 원문과 다르지 않아?'라고 하는 게 아니라 내가 원문의 무엇을 계승했고 무엇은 데려오지 않았는지, 새로운 언어로 텍스트가 어떤 목소리를 갖게 했는지를 짚어 주었다.

많은 이들이 번역은 혼자서 하는 일이라고 하지만, 번역은 최소한 원문과 예상 독자와의 교류를 필수적으로 동반한다. 그리고 이상적인 번역은 여러 동료들과 함께 이루어진다.《초과》에 참여하는 번역가들에게는 원고료가 주어지지 않는데, 소제는 한 인터뷰에서 이에 대한 아쉬움을 토로하며 말했다. "번역가들에게 제공할 수 있는 건 코멘터리라는 걸 깨달았어요. 번역가들, 특히 업계에 들어선 지 얼마 안 된 사람들은 심연에 대고 소리를 지르고 있는 기분일 텐데, 메아리라도 돌려주고 싶었죠."[8]

《초과》가 어떤 종류의 교환을 촉진하고 있다면, 그것은 어떤 글에 마음을 다했을 때 돌아오는 선의의 독해다. "당신의 번역을 출판하기로 했습니다. 축하드려요!"라는 인정의 말이 아니라, 번역문에 담긴 여러 선택을 톺아보는 돌봄의 행위다. 편집장의 섬세한 독해가 있기에 참여자나 독자는 자연히 여러 편의 번역물을 공들여 읽게 된다. 읽기에 시간과 마음을 쏟은 독자들이 돌려받는 것은 아무도 달라고 한 적 없는 즐거움일 것이다.

선택지가 넘실대는 놀이터

독자가 어떤 즐거움을 얻는지는 모호하다. 새로운 콘텐츠? 읽는 쾌락? 소설가 엘레나 페란테는 《파리 리뷰》와의 인터뷰에서 "독자를 고려하며 작업하는가?"라는 질문에 이렇게 답했다.

나는 읽히기 위해 출판을 한다. 그것이 내가 출판에

[8] Jaeyeon Yoo, "The Ecstatic Excess of Translation: The Millions Interviews Soje," *The Millions* (2022. 05. 23.).

매료되는 유일한 이유이다. 그래서 나는 독자의 관심을 사로잡기 위해 내가 아는 모든 방법을 동원하고, 호기심을 자극하며, 페이지를 최대한 밀도 높고 최대한 넘기기 쉽게 만든다. 그러나 일단 독자의 관심을 사로잡은 후에는 내가 원하는 방향으로 끌어갈 권리가 있다고 본다. 독자를 소비자로 만족시켜야 한다고 생각하지 않는데, 독자는 소비자가 아니기 때문이다. 독자의 취향을 맞춰 주는 문학은 저하된 문학이다. 내 목표는 평소와 같은 기대를 낙담시키고 새로운 기대를 떠오르게 하는 것이다.[9]

시의 독자나 작가를 간단히 '소비자'나 '공급자'라고 정의하기는 어렵다. 에세이 『아픈 여자 이론』을 통해 스타 작가로 떠오른 아티스트 요한나 헤드바는 많은 이들이 자신을 '장애 여성 에세이스트'로 인식하고 장애와 관련된 작품과 발언만을 요구하지만, 동료로 관계 맺은 이들은 그가 음악, 산문, 시, 그래픽 디자인을 넘나드는 작가임을, 장애나 고통이 그가 가진 정체성의

[9] Sandro Ferri & Sandra Ferri, "Elena Ferrante, The Art of Fiction No. 228," *The Paris Review* Issue 121(2015).

전부가 아니라는 것을 알고 있다고 썼다. 한 동료는 헤드바에게 만약 장애인으로서 최소한의 접근권을 위해 싸워야 할 필요 없이 환대를 받는다면 어떤 작업을 하고 싶은지 묻는다.[10]

눈앞의 제한으로 인해 잊히곤 하는 욕망을 상기시키는 이 질문은 《초과》가 번역가들에게 보내는 초대, '하나만이 존재할 때 지게 되는 짐'을 내려놓고 각자의 해석을 펼쳐 보자는 제안과 공명한다. 동료들과 서로의 첫 독자가 되어 이야기를 나눌 때면 각자가 원문의 어떤 요소에 주목했는지, 그리고 무엇을 당연히 여겼는지 깨닫게 된다. 나는 후자로부터 특히 많은 것을 배운다. 당연시했던 것은 '달리 해석하고 표현할 수 없다'고 여겼던 것이기 때문이다.

타자와의 만남은 번역 그 자체가 얼마나 많은 접촉, 나아가 천착을 요구하는 일인지를 드러낸다. 여러 개의 번역을 함께 읽으면 텍스트의 거의 모든 표면과 지층마다 수많은 선택지가 넘실댄다는 것을 알 수 있다. 단어 하나, 쉼표 하나도 원한다면 '묘기'를 부릴 수

[10] Johanna Hedva, "Why It's Taking So Long", *Topical Cream*(2022. 03. 13.).

있는 장이니 말이다. 아무도 시키지 않았는데 미련하게 파고들며 무언가를 감각하고 말해 보려는 이들의 놀이터는 미지의 기대를 안고 책을 펼치는 독자들을 초대한다.

잃어버린

시민을 찾아서

김예찬

김예찬 정보공개 운동을 하는 시민단체 '투명사회를 위한 정보공개 센터' 활동가. 사회 전반에서 시민의 알 권리를 확대해 민주주의를 실질적으로 보장하기 위한 활동을 한다. 『날치기 국회사』, 『개헌과 선거제도 개혁에 관한 모든 것』 등의 책을 썼다.

[주요어] #시민단체 #관심자원 #독립성
[분류] 사회학 > 시민운동

"광장에 모인 시민들의
스펙터클에 심취해,
그 시민들에게 말을 걸고
설득하는 과정 없이 섣불리
우리의 주장이 곧 '촛불'이라고
선언했던 것은 아닐까?"

시민사회단체나 노동조합에서 월급을 받으면서 일하는 직업적 활동가를 보통 '상근 활동가'라고 부른다. 나는 올해로 12년 차 상근 활동가다. 어쩌다 보니 첫 직장 이후 10년 넘게 직업적 활동가로 살아온 셈이다. 처음 이 영역에서 일하기 시작했을 때는 활동가를 직업으로 인식하지 않는 분위기가 있었다. 누군가 무슨 일을 하느냐고 물을 때 딱 부러지게 답변하기도 어려웠고, 설명을 해도 마치 자선 활동 하는 사람을 보듯 "좋은 일 하시네요."라는 반응이 대다수였다. 심지어 부모님마저 취업은 언제 할 거냐고 가끔씩 묻곤 했다. 엄연히 4대 보험에 가입된 정규직인데도 말이다.

내가 시민단체 활동가로 계속 사는 이유는 사회

를 바꾸는 한 걸음 한 걸음에 기여하고 있다는 보람 덕분이다. 끊이지 않는 회의, 집회, 일인 시위, 농성, 보도 자료 작성, 기자회견, 토론회, 소송……. 활동가의 업무는 몸은 힘들고 정신은 복잡해지는 일들로 가득 차 있다. 하지만 기쁨이 있다. 강제 퇴거 위기에 처해 투쟁하던 상가 세입자가 극적으로 합의를 이룬 자리에서 고맙다는 인사를 건네고, 계약서도 최저임금도 없이 일하던 마트 노동자의 권리를 찾고, 국회의원들의 예산 낭비 사례를 잡아내 국고로 환수하고, 그동안 은폐되었던 공공기관의 정보들을 공개할 때마다 느끼는 기쁨. 사회의 잘못된 구조와 관행에 맞서 싸우는 이들과 함께하고, 이러한 싸움을 계기로 제도를 바꾸자고 제안한다. 시민의 응원과 지지가 하나하나 모여 다른 사회를 만들어 나갈 수 있다는 것이 내가 활동가로 일하면서 가지게 된 직업적 신념이다. 이런 보람과 확신은 아마 대부분의 활동가들이 가지고 있는 것이리라.

민주주의의 플랫폼

한국의 시민사회단체들은 그동안 여러 영역에서 사회

김예찬

변화를 만들기 위해 노력했고, 실제로 이를 이루어 왔다. 국민참여재판 도입, 선거 연령 하향, 반부패 법제화, 소비자 집단 소송, 중대재해처벌법, 의료보험 통합, 지역아동센터 법제화, 학생인권조례 제정, 대체복무제 도입, 낙태죄 폐지, 횡단보도 설치……. 『세상을 바꾼 공익활동』[1]에서 소개하고 있는 시민사회단체의 대표적인 활동 성과들이다.

시민의 정치 참여를 확장하고, 사회·경제적 약자의 권리를 지키고, 복지를 확대하고, 권력과 기업을 감시하고 견제하는 정책과 제도 대다수가 시민사회단체들의 노력으로 하나하나 실현되었다. 시민사회단체는 이렇게 더 나은 사회로 나아가기 위한 담론을 제시하고, 개혁 과제를 제도화하는 데 중추적인 역할을 한다. 때로는 시민들을 교육하고, 요구를 수렴하고, 새로운 과제를 발굴한다. 정치와 사회 이슈에 관심 있는 시민들은 후원과 캠페인 참여를 통해 단체를 적극적으로 지원하고, 단체에서는 시민들을 재조직한다. 시민사회단체는 시민과 사회를 잇고, 또 시민과 시민을 연결하는

[1] 2022년 서울시공익활동지원센터에서 펴낸 이 사례집은 센터 홈페이지(https://www.snpo.kr)에서 내려받을 수 있다.

민주주의의 플랫폼인 것이다. 하지만 이러한 역할에도 불구하고 최근 시민사회단체를 바라보는 내외부의 시선이 그리 곱지만은 않다.

"시민사회요? 요새 아무도 그런 말 안 써요." "주민들은 시민단체가 관이랑 끈이 있는 사람들, 돈 끌어올 수 있는 사람들이라 보죠." "사람들한테 신뢰를 얻으려면 시민단체라고 말하면 안 돼요."[2]

최근 시민사회에 대한 연구 보고서를 펴낸 신진욱 교수가 청장년 활동가 수십 명을 만나 인터뷰하면서 반복해서 들었다는 이야기다. 시민사회단체 활동가 스스로가 시민사회, 시민단체에 대해 냉소적인 시각을 갖게 된 상황을 잘 보여 주는 사례. 나 역시 단체의 활동에 대해 자부심과 보람을 품고 있는 것과 별개로 시민단체에 대한 시민들의 신뢰가 예전 같지 않다는 사실 역시 민감하게 느끼고 있다. 시민과 괴리된 시민사회, 독립성을 잃은 시민단체, 시민으로부터 불신받는 시민단체. '시민 없는 시민운동'이라는 표현은 본래 시민 참여를 활성화하기 위한 자기 성찰에서 등장한 것이었는데. 이

[2] 신진욱, 「시민단체는 정말 '권력'이 됐을까」, 《한겨레21》, 1417호, 2022년 6월 14일.

김예찬

제는 성찰보다 자조에 가까운 말이 되어 버렸다. 어쩌다 이런 이야기들이 나오게 되었을까?

관심 자원을 읽다

사람들은 더 이상 일상에서 정치적 의견을 공유하고 토론하지 않는다. 정치적 의견이 가장 활발하게 표현되는 곳은 인터넷 커뮤니티와 SNS다. 문턱이 낮고 구독이 간편한 온라인 공간의 교류는 필연적으로 비슷한 의견을 가진 사람들끼리 모이는 부족화 현상을 초래한다. 나와 동일한 정치적 성향을 가진 사람들끼리 대화하고 의견이 다른 사람들은 차단한다. 서로 비슷한 사람들이 비슷한 글에 공감하고, 추천하고, 공유하면서 똑같은 정치적 입장을 재확인한다. 서로 다른 입장을 이해하고 토론하는 수고를 들이는 대신 조롱하고 비판하는 데 익숙해진다. '좋아요'라는 인정 보상 체계를 지닌 SNS 세상에서는 자극적이거나 공격적인 의견일수록 더 많은 관심을 받는다.

시민들은 더 이상 시민사회단체의 길고 지루한 점잔 빼는 논평을 읽지 않는다. 반대 진영을 시원하게 공격하는 '사이다' 인플루언서를 찾으며 스스로 '정치적인 행위', '사회 참여'를 하고 있다고 느낀다. 시민사회단체에 대한 후원 대신 '우리 편' 유튜버에게 슈퍼챗을 보내고, 토론회에서의 논쟁이 아니라 문자 폭탄과 사이버불링이 정치적 의사 표현의 주요 수단이 되었다. 시민사회단체가 수행했던 정치·사회 플랫폼 역할이 어느새 인플루언서에게 넘어가 버린 것이다.

모두가 관심을 끌기 위해 경쟁하는 관심 경제 시대에 대중의 관심을 잃은 시민사회단체는 점차 참여와 후원이 감소한다. 불과 10년 전만 하더라도 주로 언론을 통해 시민사회단체의 활동이 알려졌고, 이를 통해 후원 회원으로 가입하는 시민들이 적지 않았다. 따라서 기자회견을 열고 보도자료를 배포하는 것이 시민사회단체의 중요한 활동이었다. 물론 지금도 어떤 이슈에 대해 기자회견을 열거나 보도자료를 배포하면 언론 기사가 나온다. 하지만 사람들이 뉴스를 소비하는 방식이 완전히 바뀌었다. 내가 구성한 피드에 올라오지 않는 기사를 찾아 읽지 않고, 기사 제목만 읽고 넘어가는 일이 다반사다. 신문 기사로 시민사회단체의 활동을 알리는 일을 기대할 수 없게 된 것이다. 이제는 온라인 서명 캠페

김예찬

인, 뉴스레터, 심지어 전화 캠페인을 통해 시민들의 연락처를 확보하고 회원을 확보하려는 적극적인 마케팅을 해야 겨우 기존 조직 규모를 유지할 수 있다. 활동가들이 해야 할 일이 더욱 많아진 것이고, 이런 상황에서 소규모 단체는 재정을 유지하기가 더욱 어려워졌다.

적을 먼저 거꾸러트리지 않는다면 내가 죽는다는 대립의 정치가 끼친 악영향도 적지 않다. 시민사회단체 출신 정치인들 역시 기성 정치인과 차별점을 보이기보다는 진영 논리에 치우친 모습을 보였고, 심지어 도덕적 문제를 드러내기도 했다. 정권이 바뀔 때마다 단체가 내는 논조가 바뀐다는 비아냥 속에서 시민단체의 독립성에 대한 불신이 커졌고, 반대로 일관된 기준으로 사안을 바라보아야 한다는 시민사회단체의 목소리가 회원들의 반발에 부딪히기도 했다. 조국 사태, 검경 수사권 조정, 검수완박 등 정치적으로 민감한 사건이 터질 때마다, 민주적 절차와 가치를 옹호하고 제도의 부작용을 우려하는 단체의 입장에 불만을 표하고 탈퇴하는 회원들이 적지 않았다. 지난 수년간 시민단체들은 시민의 관심을 잃고, 지지자들의 불만을 사고, 활동가 사이에서도 입장이 첨예하게 갈리는 일들을 겪었다. 그 과정에서 조직과 재정의 위기는 문제는 점점 심화되었다.

활동가 내부의 세대 문제

면접 참여자의 대다수는 세대론적 거대 담론에 비판적 태도를 보였지만, 구체적인 맥락에서 오늘날 시민사회 내의 세대 문제를 심각하게 보고 있었다. 시민사회 내에 세대 간의 경험, 인식, 문화의 차이로 인해 발생하는 괴리와 갈등이 존재한다. …… 다양한 연령대의 구성원들이 수평적인 관계에서 협업하는 조직들도 있지만, 많은 조직에서 앞 세대는 조직 상층에 속하며 청년들은 평활동가들이기 때문에 이들 간의 위계 관계에서 발생하는 문제들이 '세대 문제'의 형태로 나타난다.[3]

시민사회단체 활동가 내부의 세대 문제도 위기를 심화시키는 중요한 요인이다. 시민사회 운동의 성장과

[3] 신진욱, 「한국 시민사회의 새로운 흐름에 대한 질적 면접 연구」(아름다운재단, 2022), 126쪽.

김예찬

함께한 선배 활동가 세대와 새롭게 유입된 후배 활동가 세대는 운동에 대한 지향점, 사회 현실에 대한 인식, 조직 문화, 젠더 인식, 의사결정 구조 등에 이르기까지 많은 차이를 가지고 있다. 물론 어느 조직이든 세대 간 문제를 안고 있지만, 무엇보다도 가치 지향이 중요한 시민사회단체에서는 이러한 차이가 갈등의 화약고가 된다.

이 문제를 심화시키는 중요한 요인이 '허리가 없는' 시민사회단체 인적 구성의 구조적인 특징이다. 대다수 단체의 재정이 불안정하다 보니, 저임금은 물론이고 때로는 단체 활동가를 줄여야 하는 상황이 생긴다. 그러한 조건 속에서 저연차 활동가가 이직을 택하는 경우가 많기에 단체의 허리 역할을 해야 할 중견 활동가 없이 임원급 활동가와 신규 활동가만 남는 모래시계형 구조가 나타난다. 창립부터 일한 임원급 활동가와 막 활동을 시작한 신규 활동가 단둘이 일하는 단체도 적지 않다. 인적 중간고리가 사라진 환경에서 선배와 후배가 불만이나 고민을 자유롭게 나누고, 수평적인 토론을 통해 의사 결정이 이루어지기는 어렵다.

2020년의 박원순 사건이 대표적인 사례다. 박원

순 전 서울시장이 성폭력 피소 사실이 알려지고 스스로 목숨을 끊자 그와 함께 활동했던 선배 세대 활동가 상당수가 개인적인 추모 뜻을 밝혔고, 후배 세대 활동가들은 속으로 불만을 삼켰다. 문제는 추모가 공적인 행위가 되면서 불거졌다. 장례위원회 참여 문제, 추모 성명 발표, 추모 현수막 게시 등을 두고 단체마다 갑론을박이 있었고, 이로 인한 갈등이 때로는 사건 자체에 대한 인식과 판단까지 이어졌다.[4] 문제는 많은 단체에서 이러한 갈등이 충분한 토론으로 해소되지 못하고 서로 이야기를 회피하는 방식으로 봉합되고 말았다는 것이다. 대부분 선배 세대 활동가끼리, 후배 세대 활동가끼리 모여서 불만을 토로하는 것에 그쳤다.

나 역시 SNS에서 이 주제에 관련해 조용히 '팔로우 취소'를 누르거나 술자리에서 화제를 돌리는 일들이 많았다. 같은 단체에서 활동하지만, 각자가 구독하는 피드가 세대에 따라 다르게 구성되어 있다는 점에서 시

---

[4] 2020년 8월 31일 발표된 「박래군 활동가의 고 박원순 전 서울시장 장례위원 참여에 대한 인권재단 사람 사무처 입장」에서 당시 시민사회단체 활동가들 사이에 벌어졌던 혼란과 갈등을 일면 살펴볼 수 있었다. 인권재단 사람 내부에서 치열한 토론과 성찰이 있었기에 발표된 입장문이지만, 많은 단체에서 이러한 논의가 제대로 이루어지지 못했다.

김예찬

민사회 역시 부족화 현상을 피하지 못한 셈이다.

솔직하게 토론에 나설 용기

변화를 열망하는 에너지는 늘 존재한다. 2015년을 전
후한 '페미니즘 리부트', 매년 퀴어문화축제에 모이는
인파, 중대재해처벌법 제정으로 이어진 산업재해에 대
한 관심, 파리바게뜨 노동자와 연대한 SPC 불매 운동
등 여러 사회적 이슈가 터질 때마다 에너지가 폭발적
으로 분출되었다. 하지만 이 에너지가 현장에서 변화
를 만들기 위해 노력하는 시민단체들과 연결되고 있다
고 하기는 어렵다. 시민단체가 구체적으로 어떤 활동
을 하고 있는지 알기 어렵고, 오히려 불신과 냉소를 불
러일으키는 뉴스들이 더 눈에 들어오기 쉽기 때문일
까? 시민단체를 경유하는 사회 참여보다, 개인들이 이
슈에 따라 모였다가 흩어지는 네트워크형 행동이 더
익숙한 세대가 주류가 되었기 때문일지도 모른다. 단
체들이 기존의 활동을 유지하는 것에 급급해 자신의
존재를 알리고 홍보하는 일에 제대로 신경 쓰지 못한
탓도 있을 것이다.

활동가들 역시 이러한 상황을 심각하게 여기면서 시민들과 더 가까워지기 위해 노력하고 있다. 더 눈길을 끄는 홍보물을 만들기 위한 디자인, 홈페이지 UX/UI 개편, 영상 콘텐츠 제작, 모금 아카데미, 뉴스레터 만들기……. 나도 없는 시간을 쪼개 어떻게 페이스북 콘텐츠 반응률을 높일지 고민하고, 요새 잘나간다는 뉴스레터들을 구독하면서 메일 오픈율이 높은 글쓰기 방법을 살펴보고, 시민들이 더욱 쉽게 읽을 수 있도록 데이터 시각화 툴을 공부한다. 다른 활동가들과 만날 때마다 새로운 홍보 방법에 무엇이 있는지, 요새 반응이 좋은 뉴미디어 콘텐츠가 무엇인지 정보를 나누기도 한다. 시민 참여를 높이기 위해 새로 배워야 할 것은 왜 이렇게 많은지 가끔 활동가의 주요 직무는 마케팅이 아닌가 하는 생각이 들 정도다.

하지만 단순히 마케팅 역량을 강화하는 일만으로 문제가 해결되는 것이 아니다. 보다 근본적인 문제는 시민의 이름을 내걸고 활동하면서도 우리가 대변하고자 하는 그 시민들을 만나고, 토론하고, 설득하는 능력을 점차 잃어 가고 있다는 것이다.

나 역시 시민사회의 일원으로서 지난 12년간의 활

김예찬

동을 되돌아보면서 반성하게 되는 때가 적지 않다. 그동안 보도자료를 내고 기자회견을 하는 것에 집중하느라, 길거리에 나가 시민들에게 직접 문제를 알리고 참여를 요청하는 일을 등한시한 것은 아닐까? 당장의 문제 해결을 위해 진영 논리에 눈을 감았다가, 정작 중요한 순간에 독립적이고 원칙적인 목소리를 내지 못했던 것은 아닐까? 광장에 모인 시민들의 스펙터클에 심취해, 그 시민들에게 말을 걸고 설득하는 과정 없이 섣불리 우리의 주장이 곧 '촛불'이라고 선언했던 것은 아닐까? 갈등과 논쟁에 쏟을 에너지 소모가 두려워 정작 단체의 활동가, 회원들과 속내를 털어놓고 토론하는 것을 피해 온 게 아닐까? 현장의 다급함을 핑계 삼아, 점차 시민과 멀어지고 힘을 잃고 있는 운동의 현실을 냉정하게 직시하지 않고 넘긴 것 아닐까?

시민사회가 신뢰를 회복하고 다시 공론을 자임하기 위해서는 무엇보다 그동안 눈을 돌렸던 우리 내부의 현실을 솔직히 인정하고, 토론에 나설 용기가 필요하다. 갈 길이 멀지만, 여기에서부터 시작해야 '시민 없는 시민단체' 이후의 질문으로 넘어갈 수 있을 것이다.

인스타스토리로 연대하기

구기연

구기연　　문화인류학자이자 서울대 아시아연구소 연구교수다. 한국외대를 졸업하고, 서울대 인류학과 대학원에서 문화인류학 석사학위, 박사학위를 취득했다. 『이란 도시 젊은이, 그들만의 세상 만들기』를 썼으며, 경향신문에 국제 칼럼을 기고하고 있다. 서아시아 지역과 한국의 이슬람포비아 현상 그리고 무슬림 이주민에 대해 연구한다.

[주요어] #히잡시위 #인스타스토리 #시민불복종운동
[분류] 인류학 > 문화인류학

"안전이 담보되지 않은
상황과 사회 비판의 공론장을
구축할 수 없는 한계 속에서
파편화된 목소리를 모으는
온라인 플랫폼에서의 연대는
느슨해 보이지만 강력하다."

2022년 9월 16일 이후 트위터, 인스타그램, 유튜브에 페르시아어 여성 이름인 '마흐사 아미니'라는 해시태그가 등장했다. 스물두 살의 쿠르드계 이란 여성의 죽음을 알리고 추모하는 글과 이미지가 온라인 공간을 가득 채우기 시작했다. 해시태그는 무서운 속도로 퍼져 나갔다.

사적인 공간에서 만나는 나의 이란 지인 대부분은 이란 사회와 히잡 의무 정책에 대해 누구보다 비판적이었다. 하지만 그들의 소셜미디어에는 어떤 정치적 견해나 사회적 비판도 올라오지 않았다. 이란에 거주하는 사람들뿐 아니라 한국이나 미국에 거주 중인 이란인들도 마찬가지였다. 누구보다 개혁을 열망하는 이들은 자신의 소소한 일상만을 게시물도 아닌, 24시간이면 사라질 인스타그램 '스토리'에 공유했다.

그런데 자신의 목소리를 드러내지 않던 이란 지인들의 소셜미디어에서도 심상치 않은 변화의 움직임이 보였다. 2022년 9월, 지인들의 인스타그램과 트위터에서 절박함과 긴장감이 느껴졌다. 그들의 인스타그램 스토리는 이란 히잡 시위와 시위 희생자들에 대한 사진과 짧은 영상으로 채워졌다. 그들의 스토리가 한두 개의 직선에서 촘촘한 점선으로 표시되기 시작했다. 2022년 11월 기준, 마흐사 아미니 페르시아어 해시태그가 포함된 게시물이 트위터에서만 2억 5000만 개 이상 작성되었다.

사라져도 휘발되지 않는 스토리

2022년부터 시위를 이끌어 간 '스토리'는 어떻게 시작되었을까? 마흐사 아미니는 가족과 테헤란으로 여행을 왔다가 지하철역 앞에서 지도 순찰대의 복장 단속에 걸렸다. 여느 히잡 단속에 걸린 여성들처럼 재교육 센터에 끌려간 그녀는 구금된 지 며칠 만에 혼수상태에 빠졌고, 갑작스러운 죽음을 맞이했다. 사건 이후 다양한 세대와 종족을 아우르는 이란 전역의 사람들과 세계 각지의 이란인 디아스포라들은 "여성, 삶, 자유", "우리는 이슬람 공화국을 원하지 않는다!"를 외치며, 1979년 이슬람 원리주의에 입각한 이슬람공화국을 탄생시킨 이란혁명 이후 최대 규모의 반(反)정부 시위를 세 달 넘게 벌였다.[1]

이란의 변화와 개혁을 꿈꿔 왔던 젊은이들은 큰 충격을 받았고, 소셜미디어 게시물에 해시태그 마흐사 아미니(#Mahsa_Amini)를 달기 시작했다. 이 해시태그는 마흐사 아미니를 추모하는 마음과 함께 '나도 마흐사 아미니처럼 죽을 수 있다'는 위기감을 담은 메시지였다. 불안은 곧 현실이 되었다. 해시태그 뒤에 다른 희생자들의 이름이 붙기 시작했다. 염색한 금발 머리를 질끈 동여매고 시위대 속으로 들어간 스물세 살의 하디스 나자피도 가족의 품으로 돌아오지 못했다. BTS와 블랙

[1] 해외 각지에 살고 있는 이란인 디아스포라들은 약 400만 명으로 추정된다. 전 세계에 있는 이란 교포는 이란이슬람공화국이라는 새로운 정권의 등장과 이란-이라크 전쟁 등 1979년 이후 사회적·정치적 소용돌이 속에서 경제적 이민보다는 망명 혹은 정치적 이유로 이란을 떠난 사람들이 대부분이다.

핑크를 좋아하던 열일곱 살 니카 역시 해시태그로 남고 말았다. 500여 명이 넘는 사망자가 발생했다. 희생자 대다수의 이름은 해시태그로도 남지 못했고, 그들의 죽음은 기억조차 되지 못했다.

언론 통제가 심각한 이란에서는 24시간이 지나면 사라지는 인스타그램 스토리를 많이 이용한다. 특히 개혁을 외치고 사회 문제를 비판하는 국내외 축구선수나 영화배우 들의 스토리에는 늘 이란 대중의 관심이 집중된다. 2022년 9월, 이란의 국민 배우라 불리는 타라네 알리두스티는 하루에도 수십 개씩 스토리를 올리기 시작했다. 811만 명의 팔로워를 가진 그녀는 이란 국내에서 비판적인 목소리를 낮추지 않는 몇 안 되는 유명인 중 한 사람이다. 알리두스티는 최근 몇 년 동안 이란 내 시위나 언론 탄압 문제 그리고 문화예술계 인사들에 대한 검열과 구속 사태가 있을 때마다 스토리를 통해 자신의 소신을 밝혀 왔다. 공공장소에서 히잡을 올바르게 쓰지 않았다는 이유로 체포된 적도 있다. 히잡 시위가 시작되자 그녀의 스토리는 각종 뉴스와 정치 구호, 시위 현장과 관련된 동영상으로 촘촘히 채워졌다. 구독자들 역시 그녀의 스토리를 열심히 공유했다.

2022년 11월, 연일 시위대에 대한 이란 당국의 사형 집행이 이루어지던 때였다. 알리두스티는 작심한 듯 스토리와 달리 시간이 흘러도 사라지지 않는 게시물을 올렸다. 쿠르드어로 "여성, 삶, 자유"라고 손으로 쓴 종이를 들고 히잡을 벗은 모습이었다. 그 후 얼마지 않아 알리두스티는 이란 보안군에 의해 자택에서 압수수색을 당하고 체포되었다. 감옥에서 고초를 겪고 나온 후에도 알리두스티는 끝내 게시물을 내리지 않았다. 그 게시물에는 180만 개에 달하는 하트가 찍혀 있다.

자기 검열을 벗어나 '공유'하기까지

이란에서 히잡의 사회문화적 의미와 온라인 플랫폼을 통한 시민 불복종 운동을 연구해 왔던 나 역시 수많은 이들의 스토리를 따라가느라 밤잠을 설쳤다. 스토리가 사라지기 전에 확인해야 했고 그것이 가리키는 곳을 쫓아가야 했다. 빽빽하게 게시된 스토리들은 절규에 가까웠다. 이란 현지에 있지 않은 나와 이란인 디아스포라들은 스토리를 통해 시위 현장과 안타까운 죽음을 마주했다.

시위가 발생하고 첫 두 달이 특히 아프고 힘들었다. 스토리를 읽고 보고 저장하면서, 나는 어느새 테헤란의 시위 현장에 나가 있는 듯 느껴지기도 했다. 1979년 이란혁명 30년 만에 부정 선거를 의심하며, 자유와 민주주의를 외치는 함성으로 가득 찼던 그 테헤란 광장에 다시 서 있는 것 같았다. 소셜미디어 속 사진, 영상의 시위대들과 2009년 이란 현지조사 당시 희망과 변화를 꿈꾸던 친구들의 모습이 겹쳐졌다.

고백하자면 외국인 인류학자로서 나는 이란 현지와 한국에서 늘 자기 검열에 시달렸다. 사진 한 장, 한글로 된 글 한 줄도 혹시나 이란 당국에 신고될 수 있다는 불안이 있었다. 이 같은 두려움과 불안은 이란 사회에 만연한 소문과 루머에 기인했다. 이란에서의 연구 기간 동안 경험했던 경찰 조사도 나의 자기 검열을 강화했다.

이란 사회에 대한 비판적 연구를 하면서도 소셜미디어에 '위험해' 보이는 게시물은 올리지 않았다. 통제받는 이란 사회에 대해 연구해 나가기 위한 나의 생존 전략이자 보호 수단이었다. 하지만 이번만큼은 참을 수 없었다. 더 이상 침묵할 수 없었다. 소셜미디어에서나

마 그들의 시위와 구호를 공유하기 시작했다.

오늘날 이란 시위의 원동력은 1997년 개방 노선을 표방했던 모하마드 하타미 정권이 들어서면서부터 이미 만들어져 왔다. 이란의 젊은 세대는 늘 이란의 변혁과 개혁에 대한 희망을 잃지 않았다. 특히 젊은 이란 여성들은 일상적이고 실질적인 위험에도 불구하고 저항의 목소리를 냈다. 이 과정에서 온라인 플랫폼은 국내를 넘어 해외로 망명했거나 이주한 이란인 디아스포라의 저항과 지지의 힘을 연결해 주는 장이었다.

2006년 시작된 이란 여성의 법적 지위 향상을 위한 100만 인 서명 운동, 2009년 녹색운동,[2] 2014년부터 온라인 플랫폼을 통해 시작된 강제 히잡 착용 법에 저항하는 해시태그 운동(#MyStealthyFreedom, #White-Wednesdays, #WalkingWithoutVeil), 특히 여성들에게 폭력적인 사회 현실을 고발하는 해시태그 운동 #MyCameraIsMyWeapon 그리고 여성들에게 스포츠 경기 관

---

[2] 지난 2009년 대선 결과에 불복한 대규모 반정부 시위였던 녹색운동과 그 의미는 구기연·유아름, 「미완의 혁명 그리고 위태로운 삶: 이란 녹색운동과 튀니지 재스민혁명 그 후 10년」,《아시아리뷰》9(2)(2020), 41~89쪽을 참고할 것.

람의 기회를 주자는 #LetWomenGoToStadium 운동에 이르기까지 이란의 여성들은 언제나 '용감한 사자들'이었다.

글로벌 연대의 목소리

2022년 9월 25일, 서울 테헤란로에서 첫 연대 시위가 열렸다. 한국에서 유학 중인 이란 여성들은 자기 손으로 만든 구호와 피켓을 들고 모였다. 영국에 기반을 둔 언론《이란 인터내셔널》기자가 그 장면을 인스타그램과 유튜브 라이브로 내보냈다. 이 보도는 이후 각종 온라인 플랫폼을 통해 전 세계로 송출되었다.

언론의 자유가 보장되지 않는 미디어 환경에서 이란 시민들의 휴대전화에 담긴 시위 영상들은 어떻게 이란 바깥으로 전해지고 있을까? 여기에는 해외에 기반을 둔 미디어와 이들이 운영하는 소셜미디어 등 다양한 미디어 플랫폼을 통해 '우리의 목소리'가 되어 주는 이란 디아스포라들의 역할이 컸다.[3]

물론 이번 마흐사 아미니의 죽음이 전해지는 데는 이란 개혁 신문《샤르그》의 기자인 닐루파 하메디의 용감한 취재의 힘이 컸다. 하지만 현재 하메디뿐 아니라 마흐사 아미니의 장례식을 취재했던 사진기자 얄다 메이리를 비롯해 최소 열일곱 명 이상의 언론인이 구속되고 있다. 그렇기에 이란 국내 언론을 통해 지금의 현실을 명확하게 전달하기는 어렵다. 언론사의 존폐와 언론인들의 신변 위협이 있는 가운데, 녹색운동 때와 마찬가지로 《BBC 페르시안》이나 《이란 인터내셔널》, 《만오토》 같은 위성 미디어 채널[4]이 이란 내 언론사가 통제에 묶여 할 수 없는 부분을 채워 주었다. 소셜미디어가 발달하면서 이 위성 미디어 채널들은 인스타그램과 유튜브, 텔레그램 같은 소셜미디어를 보다 적극적으로 활용했다. 이러한 초국가적 연대를 가능하게 한 것이 바로 이란혁명 이후 끊임없이 이주와 망명의 역사를 이어 온 이란인 디아스포라들의 힘이기도 하다.

[3] 특히 1990년대부터 확산된, 이란 디아스포라들이 제작하고 송출하는 위성 방송은 이란 사회에 거대한 대항 담론이 형성되는 데 공헌했다. 이란 디아스포라들의 역할은 이번 히잡 시위에서도 두드러졌고, 이란 내 국민들 역시 국영 방송이나 국내 방송보다는 디아스포라들의 온라인 미디어를 더욱 신뢰하는 편이다.
[4] 이란 위성 미디어 연구는 구기연, 「저항하는 헤테로토피아 공간으로서의 이란 위성 미디어와 경합하는 정체성들」, 《중동문제연구》 21(2) (2022), 325~358쪽을 참고할 것.

이슬람 정권은 1990년대 이후 인터넷을 검열하고 위성 수신기 장비를 범죄화했음에도 뉴미디어가 빠르게 확산하는 것을 불안하게 지켜봐야 했다.[5] 이에 아마디네자드 2기 정부를 중심으로 한 보수적인 통치자들은 미디어를 새롭게 통제하고 검열을 강화했으며, 국가 인터넷망 구축에 속도를 냈다. 그런데 2013년 대선에서 중도파 정치인 하산 로하니가 승리하면서 국가 정책에 균열이 생겼다. 로하니 정부의 통신 및 미디어 통제 완화 정책의 결과, 2009년 대규모 반정부 시위 이후 가장 규모가 컸던 2017~2018년 시위에서도 소셜미디어는 저항을 확산시키는 데 중요한 역할을 했다.

이런 일을 겪으며 이슬람 정권의 권위주의적 통치 아래 뉴미디어의 기능과 중요성을 정권과 대중 모두 인지하게 되었다. 이란 내 대규모 시위가 있을 때마다 이란 당국은 며칠 동안 위성 방송을 비롯해 인터넷을 차단했다. 이번 히잡 시위에서도 이란 당국은 필사적으로

[5] 위성 미디어를 비롯한 뉴미디어의 규모와 중대성은 2009년 대선의 여파로 재확인되었다. 이것이 촉발한 녹색운동 동안 백만 명의 시민이 투표 조작에 항의하고 선거 결과의 무효를 요구하기 위해 전국에서 거리로 나왔다. 국내 독립 미디어가 없는 상황에서 개별 시위자들은 인터넷에서 뉴스, 이미지, 비디오를 외부로 전파했다.

구기연

이란 내부의 인터넷망을 차단했다. 시위가 한창일 때는 새벽 2시가 넘어야 인터넷 접속이 가능했고, 아침 7시를 전후로 접속이 다시 불가능해졌다.

하지만 시민들은 한밤중에 VPN을 이용해 해외의 디아스포라 미디어에 끊임없이 자신들의 영상과 사진을 보냈다. 이란 시민들은 공포에 떨고 있었으며, 영상과 함께 촬영자의 울음과 분노의 목소리도 고스란히 전해졌다. 특히 2009년 녹색운동 이후부터 이란 국민들은 위성 미디어를 통해 '연대하는 신체들의 힘'을 인식하게 되었다. 주디스 버틀러는 검열을 피해 가려는 미디어가 거리의 신체들을 보다 주체적으로 만들어 내며, "지역 거리의 현장들은 미디어를 통해 전 지구적으로 시공간을 재현해 낼 수 있음"을 주장한 바 있다.[6] 또한 미디어는 거리의 현장을 보도하는 것에 그치지 않고 그 사건과 행동의 일부가 될 때 정치적인 영향력을 가진다.[7] 그러므로 이란의 소셜미디어는 단순한 전달자를 넘어 글로벌 연대성을 끌어내는 정치력을 갖게 되

[6] 주디스 버틀러, 김응산·양효실 옮김, 『연대하는 신체들과 거리의 정치』(창비, 2020), 132~137쪽.
[7] 위의 책, 134쪽.

며, 미디어로 매개된 정치로 중요성을 갖는다.

이란의 시린 봄

봄을 알리는 2023년 3월 21일 춘분, 이란의 새해인 1402년이 시작되었다. 이란 지인들은 소셜미디어에서 2022년, 즉 이란력 1401년이 얼마나 힘들었는지 회고했다. 그리고 새해에는 새로운 희망이 찾아오길 바랐다. 하지만 대규모 반정부 시위가 잠잠해지던 이란 사회에서 또다시 충격적인 소식이 들려왔다. 여학생과 여대생을 대상으로 한 독성 가스 공격이 전국 각 지역에서 벌어진 것이다. 그 처참한 광경은 소셜미디어의 게시물과 영상으로 국내외로 알려졌다. 정체 모를 유독 가스를 마시고 숨을 쉴 수 없다며 고통을 호소하는 여학생들의 모습은 영상을 보면서도 믿기 힘든 광경이었다.

한편 이란 당국은 지난 몇 개월 동안 느슨했던 고삐를 다시 잡아당기고 있다. 2023년 4월 15일, 이란 경찰청은 공공장소나 차 안에서 히잡을 착용하지 않는 여성에 대한 단속을 시작한다는 입장을 밝혔다. '히잡 미

　　　　　　　　구기연

착용은 범죄'라며 처벌 의지를 보였고, 감시카메라를 통한 대대적인 히잡 단속을 예고했다. 병원에서 호흡 곤란을 겪는 딸과 친구들의 모습을 영상으로 담은 한 아버지는 분노의 목소리를 온라인에 공유했다. "히잡 단속하는 감시카메라를 설치할 생각하지 말고, 우리 딸들을 위협하는 범인부터 그 감시카메라로 잡아라!"

이러한 온라인 플랫폼을 통한 연대가 현실 정치를 변화시키기에 부족하다는 비판도 있다. 그러나 안전이 담보되지 않은 상황과 사회 비판의 공론장을 구축할 수 없는 한계 속에서 파편화된 목소리를 모으는 온라인 플랫폼에서의 연대는 느슨해 보이지만 강력하다. 이것이 바로 시위가 일어날 때마다 이란 정부가 인터넷을 엄격하게 차단하는 이유다. 이란 민중들의 외침이 두렵기 때문이다.

이란의 봄은 시리지만, 이미 시작되었다. 독가스 공격의 위협과 끊임없는 당국의 제재에도 불구하고 이란의 여성들은, 시위대들은 물러서지 않는다. 허리까지 내려오는 머리를 풀어헤치고 친구와 함께 걷는 모습, 이란 이슬람 공화국에서는 금지된 행동인 거리에서 춤을 추는 모습을 담은 영상과 사진이 지금 이 순간에도 온라인 플랫폼을 가득 메우고 있다. 절대 사라지지 않을 그 이름 해시태그 마흐사 아미니와 함께.

참고 문헌(발표순)

김리원 「택배도시에서의 일주일」

레온 크라이츠먼, 한상진 옮김, 『24시간 사회』(민음사, 2001).

시오노 나나미, 김석희 옮김, 『로마인 이야기 10』(한길사, 2002).

김리원, 「택배도시 현상 연구: 마켓컬리 행위경관을 중심으로」(서울대
박사학위논문, 2020).

정민하, 「"사람은 못 가도 택배는 간다" … 코로나가 일으킨 택배 열풍」,
《조선비즈》, 2020년 9월 22일, https://biz.chosun.com/
site/data/html_dir/2020/09/22/2020092202025.html

와이즈앱·리테일·굿즈 웹사이트, www.wiseapp.co.kr

강미량 「걷는 로봇과 타는 사람」

빌렘 플루서, 안규철 옮김, 『몸짓들: 현상학 시론』(워크룸프레스, 2018).

강미량·신희선·전치형, 「걸음을 만드는 사람들: 하지마비장애인과
로봇공학자의 사이배슬론 훈련 현장을 가다」, 《에피》12호(이음,
2020).

오대석, 「웨어러블 로봇, 장애인 삶의 질 높이는 신기술」,
《전자신문》, 2018년 9월 19일, https://

www.etnews.com/20180914000058

이주현, 「사이배슬론 2020 국제대회 출전기」, 《에피》 16호(2021, 이음).

조영호, 「'로봇 기술로 신체장애 극복'… 사이배슬론 국제대회」, 《KBS》, 2020년 11월 14일.

Jennifer Robertson, *Robo Sapiens Japanicus: Robots, Gender, Family, and the Japanese Nation*(University of California Press, 2018).

Mike Oliver, *Understanding Disability: From Theory to Practice*(2nd ed.)(Palgrave Macmillan, 2009).

Ashley Shew, "Ableism, technoableism, and future AI," *IEEE Technology and Society* Vol.39 Issue 1(2020).

Dikmen Bezmez, "Looking for a 'cure': negotiating 'walking' in a Turkish rehabilitation hospital," *Disability & Society* Vol.31 no.3(2016).

Dikmen Bezmez & Sibel Yardımcı, "Rehabilitation technology and the reproduction of bodily normalcy: a critical analysis of robotic gait training in Turkey," *Scandinavian Journal of Disability Research* Vol.18 no.4(2016).

Mike Oliver, "The misuse of technology: walking appliances for paraplegics," *Journal of Medical Engineering and Technology* Vol.2 no.2(1978).

Miryang Kang, "Neither human nor robotic: Paraplegics, exoskeleton robots, and a new way of walking"(KAIST master's thesis, 2020).

Rob Imrie, "Disability and discourses of mobility and movement," *Environment and Planning A* Vol. 32(2000).

"Watch an exoskeleton allow the disabled to walk," *Wall Street Journal*(2014. 7. 17.).

전현우「독점으로 향하는 급행열차」

닉 서르닉, 심성보 옮김, 『플랫폼 자본주의』(킹콩북, 2020).

이광석, 『피지털 커먼즈』(갈무리, 2021).

이승훈, 『플랫폼의 생각법』(한스미디어, 2020).

전현우, 『납치된 도시에서 길찾기』(민음사, 2022).

정재정, 『일제침략과 한국철도』(서울대학교출판문화원, 2013).

이승우, 「'구글 완승'으로 끝난 인앱결제 갈등 1라운드…… 반격 준비하는 방통위」, 《한국경제신문》, 2022년 6월 2일.

Jullien, B, Pavan, A, & Rysman, M, "Two-sided Markets, Pricing, and Network Effects"(London: Centre for Economic Policy Research, 2021).

Khan, Lina, "Amazon's Antitrust Paradox," *The Yale Law Journal* Vol.127 no.3(2017).

The Royal Swedish Academy of Sciences, "Scientific Background on the Sveriges Riksbank Prize in Economic Sciences in Memory of Alfred Nobel 2014 — Jean Tirole: Market Power and Regulation"(2014. 10. 13.).

빅카인즈 웹사이트, https://www.bigkinds.or.kr

김민호「플랫폼들의 갈라지는 시공간」

김용구, 『세계관 충돌과 한말 외교사, 1866-1882』(문학과지성사, 2004).

아사다 아키라, 문아영 옮김, 『도주론』(민음사, 1999).

정지돈, 『내가 싸우듯이』(문학과지성사, 2016).

조연호, 『행복한 난청』(난다, 2022).

───────, 『농경시』(문예중앙, 2010).

Gilles Deleuze, *Logique du sens*(Éd. de Minuit, 1969).

Jacques Derrida, *Penser à ne pas voir*(Éd. de la
Différence, 2013).

김유민「알고리즘을 대하는 자세」

Jaron Lanier, *Ten arguments for deleting your social
media accounts right now*(Henry Holt and Company,
2018).

Luciano Floridi, *The Ethics of Information*(Oxford
University Press, 2013).

───────, "AI as Agency Without Intelligence: On ChatGPT,
Large Language Models, and Other Generative
Models," *Philosophy and Technology* 36(2023).

Georgia Wells, Jeff Horwitz, & Deepa Seetharaman,
"Facebook Knows Instagram Is Toxic for Teen
Girls, Company Documents Show," *The Wall Street
Journal*(2021. 9. 14.), https://www.wsj.com/articles/
facebook-knows-instagram-is-toxic-for-teen-girls-
company-documents-show-11631620739

이두갑「창작자의 정당한 몫 찾기」

마셜 앨스타인·상지트 초더리·제프리 파커, 이현경 옮김, 『플랫폼
레볼루션』(부키, 2017).

쇼샤나 주보프, 김보영 옮김, 『감시 자본주의 시대』(문학사상, 2021).

이두갑 외, 김인·양승호·장준오 옮김, 『아는 것이 돈이다』(이음, 2022).

이두갑, 「평가된 자아」,《과학기술학연구》19(2019).

Astra Taylor, *The People's Platform: Taking Back Power
and Culture in the Digital Age*(Metropolitan Books,

2014).

Fred Turner, *From Counterculture to Cyberculture: Stewart Brand, the Whole Earth Network, and the Rise of Digital Utopianism*(University of Chicago Press, 2006).

Brian Hiatt, "She Spent Two Years Writing for an Acclaimed Album, and Made Only $4,000," *Rolling Stone*(2023. 2. 5.).

Andersen et al v. Stability AI et al, Docket No.3:23-cv-00201(N.D. Cal. 2023. 1. 13.).

김혜림 「K 카다시안의 고백」

장루이 셰페르, 김이석 옮김 『영화를 보러 다니는 평범한 남자』(이모션북스, 2020).

제시카 브루더, 서제인 옮김, 『노마드랜드』(엘리, 2021).

유운성, 「밀수꾼의 노래: 「영화 비평의 '장소'에 관하여」 이후, 다시 움직이는 비평을 위한 몽타주」, 《문학과사회》 제28권 제4호(문학과지성사, 2015).

윤아랑, 「네임드 유저의 수기」, 《한편》 2호 '인플루언서'(민음사, 2020).

정경담, 「해적을 위한 변명: 위디스크와 '리스트'」, 《마테리알》 4호(2021).

Amanda Silberling, "Instagram permanently disabled Pornhub's account," *Techcrunch*(2022. 9. 29.).

Tiziana Terranova, "Free Labor: Producing Culture for the Digital Economy," *Social Text* 63 Vol.18 no.2(2000).

문호영 「번역을 공유하는 놀이터」

《초과》 1호 진은영의 '달팽이'(2019. 8.).

Jaeyeon Yoo, "The Ecstatic Excess of Translation: The Millions Interviews Soje," *The Millions*(2022. 5. 23.).

Johanna Hedva, "Why It's Taking So Long", *Topical Cream*(2022. 3. 13.).

Sandro Ferri & Sandra Ferri, "Elena Ferrante, The Art of Fiction No. 228," *The Paris Review* Issue. 121(2015).

《초과》홈페이지, www.chogwa.com

김예찬 「잃어버린 시민을 찾아서」

서울시공익활동지원센터, 『세상을 바꾼 공익활동』(2022. 11.).

신진욱, 「시민단체는 정말 '권력'이 됐을까」, 《한겨레21》 1417호, 2022년 6월 14일.

_____, 「한국 시민사회의 새로운 흐름에 대한 질적 면접 연구」(아름다운재단, 2022).

구기연 「인스타스토리로 연대하기」

주디스 버틀러, 김응산·양효실 옮김, 『연대하는 신체들과 거리의 정치』(창비, 2020).

구기연, 「저항하는 헤테로토피아 공간으로서의 이란 위성 미디어와 경합하는 정체성들」, 《중동문제연구》 21(2)(2022).

구기연·유아름, 「미완의 혁명 그리고 위태로운 삶: 이란 녹색운동과 튀니지 재스민혁명 그 후 10년」, 《아시아리뷰》 9(2)(2020).

인문잡지 한편
11
플랫폼

글
김리원, 강미량, 전현우, 김민호, 김유민,
이두갑, 김혜림, 문호영, 김예찬, 구기연

편집
신새벽, 김세영, 조은, 맹미선

디자인
유진아

발행일
2023년 5월 19일

발행인
박근섭, 박상준

펴낸곳
(주)민음사

등록일 / 등록번호
2020년 5월 20일
강남, 사00118

주소
서울시 강남구 도산대로1길 62 (신사동)
강남출판문화센터 5층 (06027)

대표전화
02-515-2000

홈페이지
www.minumsa.com

값 10,000원

ISBN / ISSN
978-89-374-9161-0 04100
2733-5623